Le développement du langage observé chez un enfant bilingue

Langue, multilinguisme et changement social

Edité par Jürgen Erfurt

Volume 20

Zu Qualitätssicherung und Peer Review der vorliegenden Publikation

Die Qualität der in dieser Reihe erscheinenden Arbeiten wird vor der Publikation durch den Herausgeber der Reihe geprüft.

Notes on the quality assurance and peer review of this publication

Prior to publication, the quality of the work published in this series is reviewed by the editor of the series.

Jules Ronjat

Le développement du langage observé chez un enfant bilingue

Commenté et annoté par Pierre Escudé

Transcription graphique d'Hervé Lieutard

Information bibliographique de la Deutsche Nationalbibliothek
La Deutsche Nationalbibliothek a répertorié cette publication dans
la Deutsche Nationalbibliographie; les données bibliographiques
détaillées peuvent être consultées sur Internet à l'adresse
http://dnb.d-nb.de.

Cette publication a été réalisée grâce au concours de l'ESPE
de l'Académie de Toulouse de la DGLFLF - Délégation générale
à la langue française et aux langues de France.

ISSN 1610-143X
ISBN 978-3-631-64371-6 (Print)
E-ISBN 978-3-653-03449-3 (E-Book)
DOI 10.3726/978-3-653-03449-3
© Peter Lang GmbH
Internationaler Verlag der Wissenschaften
Frankfurt am Main 2014
Tous droits réservés.

Peter Lang Edition est une marque d'éditeur de Peter Lang GmbH.
Peter Lang – Frankfurt am Main · Bern · Bruxelles · New York ·
Oxford · Warszawa · Wien

Ce livre fait partie de la liste Peter Lang Edition.
Il a été revu par des pairs avant sa publication.

www.peterlang.de

SOMMAIRE

À Daniel Morgen, pionnier français et européen du bilinguisme institutionnel précoce, en hommage amical.

„Vom Liede *einer* Lerche ist umher
Der ganze Himmel voll...“

Nicolas Lenau, chant XXII, „Des Wandrers Gruß“
Die Albigenser, 1838-1844.

LE BILINGUISME SELON RONJAT : SON TEMPS ET SON ACTUALITE

Le paradoxe d'un ouvrage fondamental et oublié

Voici un siècle, le premier ouvrage scientifique concernant le bilinguisme précoce était édité. En 1913, son auteur, Jules Ronjat, publie chez l'éditeur parisien Champion sa seconde thèse présentée en Sorbonne et intitulée *Le Développement du langage observé chez un enfant bilingue*. L'étude décrit, semaine après semaine, et parfois jour par jour, les évolutions langagières et comportementales de Louis Ronjat, né en 1908, à qui le père ne parle que français et la mère, Ilse, qu'allemand.

Cet ouvrage est considérable à plus d'un titre : pour la première fois, on s'intéresse de manière systématique et longitudinale au phénomène de l'entrée dans le langage d'un enfant ; entrée qui est la plus précoce possible, langage qui ici est défini d'emblée par *deux langues*. Pour la première fois encore, psychologie, linguistique et didactique sont convoquées ensemble pour l'analyse et la compréhension de ce phénomène, avec une rigueur des plus scientifiques, notamment en ce qui concerne la transcription phonologique des productions enfantines. Enfin, pour la première fois, le bilinguisme est perçu comme une possibilité naturelle et normale d'accéder à la globalité du langage, a contrario de la doxa théorique et politique du temps qui le réprouve et le condamne comme une anomalie ou une aporie langagière, « un cas compliqué d'asso-ciations concurrentes[1] », une « plaie sociale[2] ».

Or, si l'étude de Ronjat est guidée et appréciée par deux linguistes de dimension européenne que sont Antoine Meillet et Maurice Grammont, *Le Développement du langage observé chez un enfant bilingue* ne sera que très peu

---

[1] Izhac Epstein, *La pensée et la polyglossie : essai psychologique et didactique*, Paris, Payot, 1915, p. 36.
[2] *Idem,* p. 210.

cité dans la littérature linguistique, psychologique ou didactique, et jamais réédité jusqu'à nos jours.[3] Jules Ronjat est oublié, totalement inconnu de l'épistémologie linguistique[4], lui qui est l'un des maîtres d'œuvre de l'édition des *Cours de linguistique générale* de Ferdinand de Saussure, ce monument de pensée globale et dynamique sur le langage qui va révolutionner au XXe siècle toutes les études concernant les comportements langagiers et leur compréhension.[5]

Nous devrons donc, dans un premier temps, nous interroger sur la personne de Jules Ronjat, son itinéraire et le champ de ses activités scientifiques – toutes en continuité avec une pensée politique et sociale qui heurte le comportement majoritaire d'un nationalisme qui s'étend en Europe de 1870 à 1940. Nous tâcherons ainsi de comprendre mieux pourquoi l'œuvre de Ronjat, ainsi que sa personne, n'ont pu qu'être ensevelies.

Nous voulons ici remercier le professeur Jürgen Erfurt de la Goethe-Universität de Frankfurt am Main de bien vouloir accueillir dans la collection *Sprache, Mehrsprachigkeit und sozialer Wandel* ce *Développement du langage observé chez un enfant bilingue.* Le lecteur, qu'il soit érudit, professeur,

---

[3]   A la suite de Claude Hagège qui va vulgariser l'idée du bilinguisme, le fondant sur « le principe de Ronjat », un maître – une langue, auquel il consacre un chapitre (*L'Enfant aux deux langues*, Paris, Odile Jacob, 1996, 41 – en réalité principe de Grammont, comme on le lira), deux ouvrages récents réévaluent l'œuvre de Ronjat. *Sur le langage de l'enfant. Choix de textes de 1876 à 1962* de J.-M. Odéric Delefosse (Paris, l'Harmattan, 2010) propose dans son anthologie de textes scientifiques onze pages d'extraits commentés du *Développement*, sans pour autant traiter de sa spécificité bilingue. Enfin, la thèse très documentée d'Andrée Tabouret-Keller, *Le bilinguisme en procès, cent ans d'errance (1840-1940)*, Limoges, Lambert-Lucas, 2011, évoque plus précisément les travaux de Ronjat aux pages 114-116.

[4]   « Ronjat est aujourd'hui largement méconnu et même oublié par les jeunes générations de linguistes », Jean-Claude Bouvier, « Jules Ronjat et la Revue des Langues Romanes », *Revue des Langues Romanes*, 2001, 105, p. 491.

[5]   La préface à la première édition [1916] signée par Charles Bally et Albert Séchehaye en juillet 1915 à Genève, citent très explicitement la participation de notre auteur : « Nous exprimons aussi tous nos plus vifs remerciements à M. Jules Ronjat, l'éminent romaniste, qui a bien voulu revoir le manuscrit avant l'impression, et dont les avis nous ont été précieux ». L'introduction du linguiste italien Tullio de Mauro rédigée pour la grande édition critique de 1967 fait bien référence à « ceux qui ont guidé la linguistique moderne [et qui] se sont formés à l'enseignement de Saussure : Passy [le fondateur de l'Alphabet Phonétique International], Grammont, Meillet, Bally, Séchehaye et Karcevski [le maître de Jakobson] ». Or, Ronjat appartient, du moins par ses recherches et ses relations théoriques ou amicales, au cercle de ces pionniers. A notre connaissance, seul le Serbe M. Pavlovitch cite Ronjat, dans la compilation quasi exhaustive de 54 auteurs s'étant intéressés – parfois de manière anecdotique – au bilinguisme, au début de son ouvrage *Le langage enfantin. Acquisition du serbe et du français par un enfant serbe*, Paris, Champion, 1920 : « La thèse de M. Ronjat, qui a pour objet spécial le problème du bilinguisme, est un livre très utile, qui nous offre beaucoup de faits intéressant le problème de l'acquisition du langage en général » (p. 9).

étudiant, jeune parent peut-être, dans tous les cas désireux d'entrer dans la compréhension des phénomènes humains qui sont ceux de l'entrée dans le langage, aura le bonheur de découvrir un texte qui peut se lire comme le *journal* d'une aventure, scientifique et humaine, qui se déroule sous nos yeux jour après jour.

Nombre de concepts fondamentaux pour la fondation d'un bilinguisme équilibré, précoce, paritaire, qu'il soit institutionnel ou familial, sont ici posés : parité langagière, emmagasinement linguistique, acquisition de deux systèmes articulatoires distincts, assimilations et dissimilations, parler franc, emprunts de langue à langue, double système de signifiant et signifié chez le jeune bilingue, conscience de la compétence bilingue et compétence métalinguistique, aspects affectifs et sociaux de la compétence bilingue, affirmation, enfin, que le bilinguisme est la voie ouverte vers le plurilinguisme, que Ronjat nomme *polyglossie.*

Il est en effet plus que temps, un siècle après son émergence, de reprendre le fil des *observations* sur le bilinguisme que rédige un auteur tout autant linguiste que persuadé que la théorie linguistique n'a que peu d'intérêt en dehors de la sphère pragmatique de l'éducation et de la transmission. L'étude de Jules Ronjat fait une part importante aux phénomènes affectifs et sociaux que sont ceux notamment d'une éthique et d'une esthétique propres à chaque langue. Dans un monde où le multilinguisme est l'une des premières réalités, la reconnaissance de la diversité des langues – et de la dignité, de la légitimité de chacune comme une part de l'inventivité humaine d'un *langage* qui seul est universel – tout comme l'invention d'un mode de gestion de cette diversité, restent des nécessités politiques, didactiques, et tout simplement humaines qu'il est urgent de savoir penser et maîtriser. Jules Ronjat nous y invite.

Qui est Jules Ronjat ?

On pourrait déterminer trois étapes chronologiques de sa vie. La première est celle qui le mène de sa naissance, à Vienne sur le Rhône le 12 novembre 1864 dans une famille bourgeoise et protestante, à la suite de son père, conseiller général et sénateur de l'Isère, procureur général à la cour de cassation de Paris. C'est là que Jules, après avoir fréquenté le collège Rollin, étudie le droit avant d'être reçu avocat au barreau de Paris, puis de Vienne.[6] Républicain et franc-

---

[6]   Nos connaissances biographiques proviennent en grande partie de deux articles, l'un de Jean Thomas, « Redécouvrir Jules Ronjat (1864-1925) voyageur, félibre et linguiste », *La Romanistique dans tous ses états*, Paris, L'Harmattan, 2009, 295-305 ; l'autre des professeurs Jean-Pierre Chambon et Anne-Marguerite Fryba-Reber, « Sus la draio que condus D'auro en auro au païs brodo » (sur la voie qui relie Vienne à Genève) Lettres et fragments inédits de Jules Ronjat adressés à Charles Bally (1912-1918) », *Cahiers Ferdinand de Saussure*, 1995, 49, 9-63.

maçon, il se passionne alors pour les régimes politiques, le droit économique, et très vite, sans doute sur le modèle de son oncle paternel[7], pour la conscience littéraire et politique des pays d'Oc. Sa lecture de *Calendal*, épopée mistralienne à la gloire de l'histoire occitane[8], est fondatrice : elle illustre ses idées politiques ainsi que la richesse synchronique et diachronique d'une langue masquée par l'histoire officielle, recouvrant un tiers de l'espace français et un quart de sa population d'alors, et que la romanistique allemande et française redécouvrent parfois concurremment. Toujours à Paris, Ronjat est cofondateur en 1895 de *L'École parisienne du Félibrige* qui développe dans le milieu intellectuel cette conscience. La même année, on le retrouve dans la fondation de la *Ligue de la Décentralisation* aux côtés d'Amouretti, Carrère, Charles-Brun, Frissant et Maurras[9]. Ses prises de position fédéralistes et autonomistes sont clairement exprimées dans les deux premiers textes qu'il fait imprimer : *La vie politique aux Etats-Unis* et *Le référendum, histoire de la législation populaire en Suisse*, livre rédigé en allemand par Théodor Curti, qu'il traduit et préface en 1905. Farouchement anti-royaliste comme opposé à la transcendance d'Etat qui est l'un des marqueurs de la longue IIIe République française (1871-1940), il passionne pour les mouvements de résistance irlandais, gallois ou polonais.[10]

---

[7]   « Que j'aimais comme un père et qui m'aimait comme un fils », écrit-il dans une lettre de condoléance adressée à Antoine Meillet, datée du 24 décembre 1913. L'oncle Eugène est peintre, infiniment cultivé, c'est lui qui favorise « une prise de conscience précoce de la variation linguistique et culturelle », cf. J.-P. Chambon & A.-M. Fryba-Reber, *op. cit.* p. 16. Il fournit à Frédéric Mistral de nombreuses précisions lorsque le futur Nobel de littérature rédige son *Pouèmo dóu Rose* en 1887, cf. J. Thomas, *op. cit.* p. 298.

[8]   L'œuvre, rédigée en 1867 en occitan, est éditée en français en 1887. L'un des vers les plus fameux de *Calendau* est celui adressé à la langue occitane : « Car es tu la patrio e tu la liberta » (Chant IV).

[9]   Très vite, Ronjat se démarquera de Maurras pour de multiples raisons, du fait de l'engagement royaliste de ce dernier – qui estime que l'aristocratie est le dernier rempart pour le retour aux provinces, puisque la bourgeoisie méridionale, contrairement à la catalane, s'est gagnée par le centralisme – et de sa xénophobie viscérale : « Si je haïssais le judaïsme, il me serait cependant impossible de le haïr plus que le protestantisme... », cf. Stéphane Giocanti, *Maurras, le chaos et l'ordre*, Paris, Flammarion, 2008, p. 117.

[10] « Mai m'estounarai toujour de vèire de Prouvençau que volon restaura sus soun trone la dinastìo di rèi de Paris, que iéu abourisse dins tóuti si ramo, de touto la forço de moun patrioutisme, dinastìo de destrusèire de la patrio e d'assassin e de traite, pèr quau (...) noun sachèroun jamai encarna que l'esperit de doumiancioun parisenco estendènt l'óupressioun sus li Galés coume sus li fourastié. Quant laid nous parèisson lis Anglès d'aro ! Mai quant plus laid encaro èrou li Louis Quatorze e tóuti lis autre de la memo farino, mau-grat li messorgo d'uno istòri adoubado à bèl esprèssi pèr sa vano glòri ! Nàni, moun bèl ami, la verita es de *liquida* lou passat, qu'es un passat de misèri, e de prepara quaucarèn de nòu, e noun de reviscoula lou vièi, que que fugue de Richelieu o de Robespierre, car au founs es la memo causo. » *Lettre à Joachim Gasquet*, poète d'expression française proche des Félibres aixois (1873-1921), datée de Vienne le 15 décembre 1900. Ronjat exprime ici son refus déterminé de la monarchie française ou

Dans ce cadre, il expose dans la revue occitaniste *Montsegur* « Notre système politique et notre plan d'éducation[11] » : infiniment proche des idées de Mistral, mais également de Bréal, Passy, et plus tard de Jaurès, il souhaite que la langue et la culture historiques des élèves et des peuples de France soient prises en compte dans l'éducation et la société françaises.

La seconde étape de sa vie le voit à Vienne où de 1904 à 1914 il est président de l'Association des amis de Vienne qu'il vient de fonder. C'est là qu'il vit, avec Ilse Loebell, qu'il a épousée le 5 octobre 1907 à Weinheim (Bade, en Allemagne), et le petit Louis : « Mon fils Louis est né à Vienne sur Rhône, où nous habitons, le 30 juillet 1908[12] ». Vienne est au carrefour de trois routes qui mènent à Paris, à Genève, et enfin à Avignon et Montpellier : linguistique, engagement politique et associatif seront menés de front. Ronjat est nommé *Baile* du Félibrige en 1902 par Mistral avec lequel il entretient une très dense correspondance, puis est élu *Majoral* en 1904 ; avec Pierre Devoluy[13], il tâche de donner une lecture politique et actuelle au Félibrige qui se complait alors dans une maintenance commémorative et poétique, souvent liée au pouvoir central et préfectoralisé. La même année 1904, grâce à son ami Maurice Grammont, disciple parisien de Saussure et maître de conférences à l'Université de Montpellier, il entre au comité de rédaction de la *Revue des Langues Romanes* où il écrira jusqu'à sa mort pas moins de 254 textes d'une rigueur scientifique pointilleuse mais toujours irréprochable[14].

Les années 1906-1909 sont infiniment denses pour Ronjat. Le voici au directoire du Félibrige alors que Mistral est auréolé du prix Nobel de littérature :

---

anglaise, de l'État centralisateur depuis Richelieu jusqu'à Robespierre, cf. J. Thomas, *op. cit.* p. 301.

[11] « Nous sommes victimes d'un mauvais système politique et d'une éducation fausse (…). Je me plains que tout notre système d'éducation, tant public que privé, n'enseigne rien autre, au fond, que l'admiration béate de Paris et le dédain niais de tout ce qui n'est pas Paris », Cf. *Montsegur*, n°9, décembre 1901, p. 152.

[12] *Le Développement du langage observé chez un enfant bilingue*, § 1.

[13] Pseudonyme de Paul Gros Long (1862-1932).

[14] Jean-Claude Bouvier a décompté cinq articles, cinq notes longues ou réponses et 244 comptes-rendus parmi lesquels par exemple un texte de 13 pages lors de la parution des *Eléments de linguistique romane* de Bourciez où il s'oppose à l'auteur au sujet d'un – s-intervocalique sonore en toscan (« en un mois de séjour en Toscane je crois n'avoir jamais entendu d'S sonore d'un Toscan parlant toscan »), ou encore un autre de 66 pages pour le *Romanisches Etymologisches Wörterbuch* de Meyer-Lübke. 48 de ces comptes-rendus analysent des ouvrages en allemand, un certain nombre des ouvrages théoriques ou littéraires en italien, espagnol, occitan, roumain, anglais, cf. « Jules Ronjat et la Revue des Langues Romanes », *Revue des Langues Romanes*, 2001, 105, 491-502. Ronjat parle en outre latin, grec, l'intégralité des dialectes occitans et franco-provençaux, des langues slaves (tchèque et russe), germaniques et scandinaves (danois, suédois, norvégien), ainsi que le grec moderne pour l'apprentissage duquel il élabore une technique de traduction interlinéaire, cf. Chambon & Fryba-Reber, *op. cit.*, 18-19. Notons que 8 des 21 ouvrages de la bibliographie du *Développement* sont rédigés en allemand.

l'oncle d'Ilse, August Bertuch, est l'un des traducteurs allemands de *Mirèio* grâce auquel le jury suédois a accès à l'œuvre occitane. L'engagement autonomiste de Ronjat lui impose en 1906 de démissionner des Services Spéciaux où il a été si longtemps lieutenant de réserve. Il suit de près, enfin, les mouvements populaires des vignerons languedociens de 1907. A l'instar de Devoluy qui estime que les écoles félibréennes « doivent enseigner le peuple, se mêler au mouvement économique et social du pays[15] », il souhaite que le « Paire de la Patrio », Mistral lui-même, vienne porter son soutien au peuple occitan rassemblé à Narbonne, Carcassonne, Montpellier par centaines de milliers. L'armée tire sur les manifestants. Le pouvoir central a peur d'un imaginaire séparatisme du Sud. Pour Ronjat et Devoluy, le Félibrige ne sert à rien s'il ne peut donner à la « naciou prouvençalo » la conscience de ce qu'elle est, de sa langue, son histoire, son destin. Dans une lettre datée d'Avignon du 6 juin 1907, Devoluy confie à Ronjat cette amertume suprême qui sera la grande désillusion de leur engagement commun :

> Vuei ai entendu renega *Calendau* pèr soun paire, e me faudra long-tèms pèr me remetre d'aquelo, se jamai me n'en remete[16].

Le peuple reste coupé de sa conscience de peuple, l'élite bourgeoise ou intellectuelle ne l'a pas rejoint. Ronjat démissionne du Félibrige le 7 juin 1909, il s'adonne alors corps et âme à la linguistique. Sa passion pour l'éducation et la transmission des langues va se cristalliser autour de son fils unique, Louis. Il entre à la prestigieuse *Société de Linguistique de Paris* présidée par Meillet où, présenté par Vendryes et Grammont le 20 novembre 1909, il est élu membre perpétuel le 18 décembre 1909. Il rédige également des compte-rendu dans la revue *Romania*, revue de la linguistique « officielle » française, fondée par Gaston Paris et Paul Meyer. Il est alors au cœur de la romanistique et de la linguistique européenne, entre l'école suisse et française des disciples de Saussure.

La troisième partie de sa vie est celle qui le voit en exil lors de la déclaration de la guerre, obligé de quitter la France en raison de l'origine allemande de son épouse[17]. Établi à Genève, grâce à Charles Bally, l'éditeur des *Cours de*

---

[15]   Lettre de Devoluy à Ronjat du 5 mars 1905, cf. « Le Félibrige et le mouvement des vignerons de 1907 : quatre lettres inédites de Devoluy à Ronjat », Jean-Pierre Chambon & Anne-Marguerite Fryba-Reber, *Lengas*, 1995, 38, p. 10.

[16]   Aujourd'hui, j'ai entendu *Calendal* renié par son père, et il me faudra longtemps pour m'en remettre, si jamais je m'en remets, cf. J.-P. Chambon et A.-M. Fryba-Reber, *op. cit.* p. 22.

[17]   L'extrait du dossier de naturalisation de Jules Ronjat, en date du 17 octobre 1924, quelques mois avant sa mort et alors qu'il se savait condamné, porte la raison suivante : « A la déclaration de la guerre, le candidat vu son âge ne fut pas mobilisé. Il se trouvait alors à Paris, et sa femme avec son fils étaient en Allemagne. Ces derniers purent quitter ce pays et vinrent à Genève, où le candidat vint les chercher vers le 15 août 1914.

Linguistique Générale de Saussure et ami intime depuis 1912, il obtient un poste de privat-docent qui le mène à enseigner des cours trimestriels de l'hiver 1915-1916 à l'hiver 1924-1925. Entre philologie de textes provençaux ou franco-provençaux et cours sur la phonétique ou la phonologie, on remarque un enseignement sur « le langage des enfants » (hiver 1918-1919) suivi d'un cours sur « le polyglottisme[18] » (été 1919). Jules Ronjat meurt à Lyon, en janvier 1925, « entouré de sa femme, de son fils, de sa sœur[19] », mais oublié par la linguistique française. Il laisse une œuvre en suspens qu'Ilse et Louis, aidés de Maurice Grammont, Walter von Wartburg et un ancien élève genevois, Eugène Wiblé, vont éditer quelques années plus tard : la gigantesque *Grammaire Istorique des Parlers Provençaux Modernes[20]*.

Véritable pionnier de la linguistique moderne, traitant de psychologie, d'éducation, de littérature, d'économie et de politique, maîtrisant une pensée globale et systémique tout en restant un intraitable connaisseur de la moindre variation philologique, Ronjat aura illustré le portrait que dresse le linguiste américain Edward Sapir du linguiste moderne :

[Il] n'a plus le droit de se cantonner dans le domaine qui lui est traditionnellement réservé. A moins de manquer sérieusement d'imagination, il s'intéresse inévitablement à quelques-uns des problèmes par lesquels la linguistique touche à l'ethnologie et à l'histoire de la culture, à la sociologie, à la psychologie, à la philosophie, voire même à la physique et à la physiologie.[21]

L'épouse du candidat étant d'origine allemande, ils reçurent alors une lettre de France (Vienne) les déconseillant alors de rentrer. Ils se rendirent alors à Lyon où ils constatèrent que l'atmosphère ne leur était pas favorable. Ils décidèrent de revenir en Suisse et se fixèrent à Genève dès décembre 1914 », cf. J.-P. Chambon et A.-M. Fryba-Reber, *op. cit.* p. 61.

18 La liste des enseignements genevois de Ronjat est établi par J.-P. Chambon et A.-M. Fryba-Reber, *op. cit. appendice 1*, 55-56.

19 *Bulletin de la Société des Amis de Vienne*, 1925, Tome 7, p. 10.

20 Montpellier, *Société des Langues Romanes*, 1930, 1932, 2 volumes de XIX-423 et 487 pages. La colossale richesse de la documentation de cette somme fait de la *Grammaire* l'ouvrage le plus abouti sur l'occitan, que Wartburg, alors président de l'association des romanistes européens, appellera « la langue centrale de la romanité ».

21 « The status of Linguistics as a Science », *Language*, 5, Editions Mandelbaum, 1929, 160-166. Traduction J.-E., Boltanski in *Edward Sapir, la linguistique*, Paris, Gallimard, 131-139. Ronjat, dans son ouvrage, traite de linguistique – phonologie, syntaxe, morphologie, lexique –, de psychologie, de didactique, mais également d'observations comportementales, physiques, techniques, artistiques, ou abstraites – calcul mathématique. La bibliographie du *Développement* montre son attention aux questions de psychologie enfantine (Pérez, Wundt, Baldwin), de phonétique (Rousselot, Vendryes), de syntaxe et de morphologie (Grammont), de stylistique (Bally et sa grande interrogation : « quel est le *sens* de phrases dont on connaît tous les mots ? ») ou du fonctionnement général des langues indoeuropéennes (Meillet, Brugmann).

Le testament méthodologique de Ronjat est donné dans l'un de ses derniers comptes-rendus, là encore sans concession, d'un ouvrage important de Georges Millardet :

> Une science entre vraiment dans la voie positive quand elle commence à mesurer son objet. L'institution de la fonétique expérimentale a été un progrès décisif. D'autres le suivront : je suis persuadé que nos arrière-neveux pourront mettre en équations différentielles beaucoup de problèmes dont nous ne pouvons qu'entrevoir la solution par tâtonnement, – tout comme nos confrères de la matématique sont obligés de procéder quand ils s'attaquent à certains mistères de la téorie des nombres.[22]

En effet, au-delà du déroulé des faits et des *observations* qui doivent pourtant être conduites avec la plus intransigeante des manières, c'est bien sur la compréhension des phénomènes systémiques que la science positive construit son objet.[23]

---

[22]   Comptes-rendus de l'ouvrage de Georges Millardet, *Linguistique et dialectologie romanes, problèmes et méthodes,* 523 p. avec 41 figures dans le texte, Montpellier, Société des Langues Romanes, Paris, Champion, 1923, in *Revue des Langues Romanes,* 1925, p. 154. Ronjat a suivi jusqu'à sa mort – dans les comptes-rendus ou les correspondances - les principes de la rénovation orthographique posés par les linguistes du début du siècle, parmi lesquels Meillet, Brunot et Grammont.

[23]   Au-delà des seules observations menées chez ses prédécesseurs (Humboldt, compilé par A. von Sydow, Stern, Meringer, Grammont, Bloch, Meumann…), Ronjat apporte des éléments de compréhension systémique, même s'il refuse de faire d'un cas une loi, notamment pour les raisons évidentes de spécificité sociale ou culturelle du cas observé. Il répond en cela à une exigence des néosaussuriens, telle qu'énoncée dans le compte-rendu des *Cours de Linguistique Générale* que rédige Grammont à la *RLR* : « Les cervelles étriquées qui se dessèchent à bâtir des étimologies, les esprits bornés qui raccourcissent leur vue à mettre au bas des textes des notes filologico-linguistiques. Pour ceux-là rien n'est nouveau, car ils ont entendu parler de tout, sans d'ailleurs chercher à comprendre. Confinés dans leur obscur travail de cirons, ils ignorent que le général seul est objet de science, ils ne voient que les petits faits isolés, plus ou moins tangibles c'est vrai, mais aussi plus ou moins faux, et la téorie générale qui les réunit tous, qui les domine, qui les éclaire, qui les féconde, est pour eux lettre morte ». (1916, p. 404).

Deux thèses sur le *contact des langues* et leur réception

Les deux grands travaux scientifiques du vivant de Ronjat sont tous deux édités en 1913. La thèse principale, l'*Essai de syntaxe des parlers provençaux modernes* où apparaît pour la première fois le terme d'*intercompréhension*[24], répond à un avis du philologue français officiel Gaston Paris pour lequel le *patois* n'a pas de syntaxe : il n'est qu'une déformation d'une « vaste tapisserie » de parlers communs qui trouve dans le français, langue urbaine, littéraire, politique, *moderne*, sa norme aboutie. Pour Ronjat, il y a évidemment deux grandes langues (au sens géographique et démographique du terme) littéraires et populaires en France, et non pas une, comme la pensée officielle et nationaliste, d'Ernest Renan à Gaston Paris, le stipule.[25] Non seulement il y a deux langues, mais cela n'est pas grave : on peut parfaitement appartenir au même espace politique – si celui-ci respecte la *réalité* humaine, langagière, culturelle, sociale, etc… de son territoire uni – et être de deux espaces langagiers distincts. L'inter-compréhension permet de souder des locuteurs de langues distinctes. C'est le *langage* qui est commun, la *langue*, elle, est toujours en diffraction pour quelque raison que ce soit. *La Syntaxe* a ainsi pour objectif de décrire les contours et les contenus de la langue occitane moderne, que Ronjat appelle « provençal » car sa forme littéraire la plus actuelle et la plus unanimement reconnue est celle que la renaissance mistralienne lui donne. Sa thèse secondaire est donc *Le Développement du langage observé chez un enfant bilingue*. Elle vaut à Jules Ronjat le titre de docteur ès lettres décerné avec la mention très honorable qui comporte l'habilitation à l'enseignement supérieur.

Ce second ouvrage, bien différent du premier, a cependant un point commun évident. Il s'agit de démontrer que l'on peut, en un seul individu, gérer deux langues – comme il est possible de gérer deux langues en un même espace sans pour autant créer de schize, de séparatisme. Contre la doxa nationaliste européenne qui voit dans le bilinguisme une sorte de développement aberrant et nocif d'une forme langagière à l'encontre d'une autre et qui plaide pour la « pureté linguistique[26] », Ronjat fait l'expérience de l'apprentissage en deux langues qui se développent harmonieusement, de manière distincte et autonome,

---

[24] La thèse est publiée à Mâcon, chez Protat frères. Sur la question de l'intercompréhension, cf. Pierre Escudé, « Origine et contexte d'apparition du terme d'intercompréhension dans sa première attestation (1913) chez le linguiste Jules Ronjat (1864-1925) », *Redinter, Revista da Rede Europea sobre Intercompreensão*, n°1, décembre 2010, coordinateurs C. Ferrão Tavares et Ch. Ollivier, 103-124.

[25] « Il n'y a pas deux Frances, aucune limite réelle ne sépare les Français du Nord de ceux du Midi, et que d'un bout à l'autre du sol national nos parlers populaires étendent une vaste tapisserie dont les couleurs variées se fondent sur tous les points en nuances insensiblement dégradées… », Gaston Paris, « Les Parlers de France », *Revue des Patois Gallo-Romans*, 1888, 7, p. 135.

[26] Dans une lettre à Bally, Ronjat s'exclame : « I a-t-il sur la boule terrestre un peuple de race non mélangée qui a toujours parlé la même langue ??? »

et développent des attitudes comportementales globales tout aussi harmonieuses. La démonstration est faite de la part d'un auteur dont on connaît les engagements politiques en France, et avec une langue, l'allemand, qui est depuis 1870 et jusqu'en 1945, et *a fortiori* en 1914, considérée comme celle de l'Ennemi.[27] Voici les causes de l'ensevelissement des thèses développées par les œuvres de Jules Ronjat.

Car la langue, pour Bréal[28] et Saussure comme pour Ronjat, n'est pas un phénomène *extérieur* : « La langue n'est pas une entité et n'existe que dans les sujets parlants » ; « dans la vie des individus et des sociétés, le langage est un facteur plus important qu'aucun autre ».[29] La réalité de la diversité des langues comme de la diversité interne à chaque langue (la dialectalisation) impose une réflexion fondamentale aussitôt suivie d'un mode d'action pragmatique –

---

[27]   Jules Ronjat, dans son compte-rendu du *Traité pratique de prononciation française* de Maurice Grammont, Paris, Delagrave, 1914 (*RLR,* 1918, p. 186), cite de manière offensive les réflexes germanophobes de nombre d'érudits de son temps : « Evoquer (…) une « Sorbonne déplorablement imbue de méthodes allemandes », où l'on ne parlait aux étudiants « que de philosophes allemands, que de philologues allemands, que d'historiens allemands, que de chimistes allemands », est une fadaise et une platitude calomnieuse... ». Gabriel Bergougnoux dresse un bilan de la philologie nationale officielle en France : « Gaston Paris et Paul Meyer [les deux fondateurs de la revue *Romania* en 1872] déclaraient : « *L'œuvre que nous voulons entreprendre, si elle est avant tout scientifique, est en même temps nationale* ». La prétention « nationale » revendiquée pour autant que le monopole des études romanes était ravi à l'Allemagne, valait aussi dans la participation indirecte des romanistes au processus de francisation. Au moment où la politique scolaire de la IIIe République travaillait d'arrache-pied à l'unification linguistique, les universitaires, à l'exception de l'école montpelliéraine et de Bréal, refusèrent de s'associer au mouvement de défense du provençal à l'école et confortèrent l'image qui justifiait la destruction des langues régionales, celle de *patois* nécessairement divisés, fragmentaires, ruraux, incapables de s'instituer en une langue de culture afin de fédérer autour d'une graphie commune les provinces méridionales », G. Bergougnoux, « L'université et les patois (1850-1914) », in *Lengas,* 1997, n°42, p. 151.

[28]   « Il ne faut pas que la description du langage humain nous fasse oublier l'homme, qui en est à la fois le principe et la fin, puisque tout, dans le langage, procède de lui et s'adresse à lui », « De la forme et de la fonction des mots », *Revue des cours littéraires de la France et de l'étranger,* 4e année, n°5 [29 décembre 1866], p. 70. Dans un autre texte majeur de celui qui est, avec Saussure, l'inventeur de la linguistique moderne : « Dire que les mots naissent, vivent entre eux et meurent, cela est, n'est-il point vrai ? pure métaphore. Parler de la *vie* du langage, appeler les langues des organismes vivants, c'est user de figures qui (…) nous transporteraient en plein rêve. », « L'histoire des mots », *Revue des deux mondes,* 82 [1er juillet 1887], p. 195. Le langage, c'est « ce tout linguistique sans porte ni fenêtre, où nous ne pouvons *entrer,* dont nous ne pouvons *sortir, où nous sommes* », cf. J.-P. Sartre, *L'Idiot de la famille, Gustave Flaubert de 1821 à 1857,* Paris, NRF Gallimard, 1971, p. 21.

[29]   *Cours de Linguistique générale, édition critique préparée par Tullio de Mauro,* Paris, Payot, 1967, p. 19 et p. 23.

nommons-le *politique linguistique* : c'est, ce nous semble, ce que Jules Ronjat essaie de formaliser.

Il y a, de fait, des langues sur un même territoire ; de même, l'individu est traversé de langues. C'est cette « fédération » linguistique qu'il importe de savoir gérer harmonieusement, dans les territoires, les États, comme en chaque individu. Les deux thèses de 1913 traitent, selon nous pour la première fois à cette ampleur, de la gestion du *contact des langues* avant que ce contact ne se réduise à un conflit : une langue tuant l'autre – source de conflits nationalistes sur le terrain des nations, et sur le terrain de l'individu, selon le mot de la linguiste Skutnabb-Kangas[30], source de « mutilations psychologiques ».

Proche des idées sur l'éducation de Bréal[31], de Passy[32], de Jaurès[33] donc, mais infiniment lié à la science linguistique qu'il constitue avec la jeune école saussurienne, Ronjat par ses travaux sur la gestion des langues en contact, s'extrait de la gangue de philologies étanches et parfois myopes pour accéder au fonctionnement du langage comme un tout dynamique. La bibliographie du *Développement* montre d'ailleurs sa familiarité avec le cercle français (Grammont, Meillet, Vendryes) et suisse (Bally, Bloch, Gauchat) du Maître.

Les raisons de l'oubli des thèses de Ronjat, et particulièrement du *Développement du langage observé chez un enfant bilingue* semblent relever d'un

---

[30] Tove Skutnabb-Kangas & Pertti Toukomaa, *Teaching migrant children's mother tongue and learning the language of the host country in the context of the sociocultural situation of the migrant family, Report written for Unesco*. Tampere: University of Tampere, Dept of Sociology and Social Psychology, Research Reports, 1976, 15.

[31] « N'est-ce pas là le premier des biens de ne pas être exproprié de son langage pour adopter exclusivement celui de Paris ? », *Quelques mots sur l'instruction publique en France*, Paris : Hachette, 1872, p. 63.

[32] Fils de Frédéric Passy, abolitionniste et féministe qui reçoit en 1901 le premier prix Nobel de la paix, Paul Passy est une figure du christianisme social en France. Professeur à l'EPHE, il fonde l'association phonétique internationale qui souhaite réguler avec un alphabet commun, au-dessus des nations, toutes les distinctions graphiques qui ôtent l'idée de variation et inscrivent la langue orthographiée comme mesure infrangible de l'identité de peuples et d'Etats séparés. Il recommande de démarrer la lecture et l'écriture « dans la langue maternelle de l'enfant ».

[33] « J'ai été frappé de voir, au cours de mon voyage à travers les pays latins que, en combinant le français et le languedocien, et par une certaine habitude des analogies, je comprenais en très peu de jours le portugais et l'espagnol. Si, par la comparaison du français et du languedocien, ou du provençal, les enfants du peuple, dans tout le Midi de la France, apprenaient à trouver le même mot sous deux formes un peu différentes, ils auraient bientôt en main la clef qui leur ouvrirait, sans grands efforts, l'italien, le catalan, l'espagnol, le portugais. Et ils se sentiraient en harmonie naturelle, en communication aisée avec ce vaste monde des races latines, qui aujourd'hui, dans l'Europe méridionale et dans l'Amérique du Sud, développe tant de forces et d'audacieuses espérances. Pour l'expansion économique comme pour l'agrandissement intellectuel de la France du Midi, il y a là un problème de la plus haute importance, et sur lequel je me permets d'appeler l'attention des instituteurs », *Revue de l'enseignement primaire* du 15 octobre 1911.

ordre strictement politique : la question du bilinguisme à l'époque nationaliste européenne est vite refermée, car il est notoirement source de nocivité. Il met en péril l'équation « une langue = une nation ». La didactique des langues suit cette modalité de pensée politique : dans les systèmes éducatifs, et malgré les propositions de nombre de chercheurs, linguistes, didacticiens, malgré l'expérience quotidienne que fait la grande majorité des locuteurs, les langues sont apprise étanches les unes aux autres, dans le meilleur des cas superposables. L'interlangue, le mélange, sont des *fautes* impardonnables. Par ailleurs, les langues restent évidemment étagées dans une échelle de valeur verticale : argot, patois, dialecte, et au sommet, grande langue de civilisation.[34] Par ailleurs, et selon les mots du regretté Bernard Py, la langue est considérée comme « un système clos de prescriptions normatives », et son enseignement reste hypergrammaticalisé.[35]

C'est à l'extrême fin des années 1920 que l'intérêt pour le bilinguisme réapparait – citons les travaux répondant aux méthodes quantitatives à propos des mots et de la phrase chez les enfants de l'Américaine Madorah Elisabeth

---

[34]   Un bon exemple de cette représentation durable (puisque les mêmes *Instructions Officielles* seront valides de 1923 à 1972) est donné par le texte injonctif du Ministre de l'Instruction Publique, Anatole de Monzie : « « LA LANGUE FRANCAISE – Nul n'ignore les difficultés que rencontre l'instituteur dans l'enseignement de la langue française. Lorsque les enfants lui sont confiés, leur vocabulaire est pauvre et il appartient plus souvent à l'argot du quartier, au patois du village, au dialecte de la province, qu'à la langue de Racine ou de Voltaire. Le maître doit se proposer pour but d'amener ces enfants à exprimer leurs pensées et leurs sentiments, de vive voix ou par écrit, en un langage correct. Enrichir leur vocabulaire, habituer les élèves à choisir exactement et à prononcer distinctement le mot propre, puis les amener peu à peu à grouper logiquement leurs pensées et leurs expressions, voilà un programme qui, en dépit de sa modestie, n'est pas de réalisation facile. Nos instituteurs affronteront, pour le remplir, tous les obstacles car ils sentent bien que donner l'enseignement du français, ce n'est pas seulement travailler au maintien et à l'expansion d'une belle langue et d'une belle littérature, c'est fortifier l'unité nationale. » Ces instructions sont exactement contemporaines d'un retour au nationalisme dur qui s'installe dans la géographie des villages et des quartiers par une érection systématique de monuments aux morts, instaurant un « travail de mémoire [qui est] identiquement travail de conversion et de pédagogie civique », Antoine Prost, « Les Monuments aux Morts », *Les lieux de mémoire. I. La République* (sous la direction de P. Nora), Paris : Gallimard, 1984, p. 122.

[35]   Ferdinand Brunot, Charles Bally, critiqueront la matière et la manière d'un tel enseignement : « On ne cherche pas à comprendre, on étiquette » reproche Brunot, souhaitant un apprentissage à même de « former la jeunesse à l'observation, à la réflexion, au raisonnement », cf « L'Enseignement de la langue française. Ce qu'il est, ce qu'il devrait être dans l'enseignement primaire », Paris, Armand-Colin, 1909. Bally, dans *La Crise du français, notre langue maternelle à l'école*, Genève, Delachaux et Niestlé, 1930, critique radicalement les mécanismes d'acquisition de la langue et des savoirs dans l'école. Ses vues se rapprochent de ce que développe Ronjat : un apprentissage par l'action, la réflexion, la praxis.

Smith, dès 1926.[36] La même année, Michael West, éducateur anglais en poste à Calcutta, édite la réponse que Jules Ronjat a faite à sa question, concernant « cette tentative délibérée de créer artificiellement un équilibre parfait entre deux langues » :

> Depuis la publication de mon livre, mon fils a poursuivi sa scolarité à l'école primaire et à l'école secondaire en français, cette langue lui est donc plus familière en ce qui concerne les termes techniques de la grammaire, des mathématiques et de la physique. Il trouverait de ce fait, me semble-t-il, difficile d'exprimer un théorème géométrique en allemand. Mais à part cela, sa connaissance et son goût pour la langue allemande sont généralement restés à égalité avec le français, et son allemand prend une place plus importante du point de vue de la composition littéraire et spécialement de la composition poétique. Il écrit en allemand avec un tour plus original, il sait écrire des vers en allemand alors qu'il n'écrit pas de vers français, phénomène normal pour ceux qui n'ont pas fait d'étude particulière de la versification française encore fondée sur la prononciation du français d'il y a plus de trois siècles. Dans une conversation rapide, parfois, mais rarement, il emprunte un mot ou une phrase de l'autre langue, de manière égale dans chaque direction – ce qui est courant même pour des adultes bilingues. En résumé, dans l'ensemble, la situation est normale et telle que prévue.[37]

Le bilinguisme tel que présenté par Ronjat alors que Louis a dix-sept ans montre une répartition sociale des usages de chaque langue, et une capacité spontanée à passer de langue à langue en fonction des usages. Si les emprunts de langue à langue sont possibles, c'est en cas de « conversation rapide » : cette dernière mention, quoique décrivant un état présenté comme « normal » et « prévu », montre que la pureté linguistique et l'absence d'interaction entre langues restent la norme attendue. Nul doute que les préventions de Ronjat contre la mixité entre langue, pour le développement « séparé » de deux langues, de « deux systèmes articulatoires distincts », et avant tout l'imposition d'une stricte modélisation paritaire (« un parent – une langue ») sont à considérer dans le contexte politique et hypernormatif du temps.

Or, une lecture attentive des *observations* montre que les comportements décrits du jeune Louis – l'alternance codique, le travail fructueux de régulation, de répartition, de comparaison, menant à une conscience métalinguistique, l'élaboration d'une compétence plurilingue décomplexée – sont bien plus proches de la « compétence complexe[38] » du locuteur bilingue que de celle d'un locuteur de deux langues étanches. On notera comment Louis, à partir de ce bilinguisme français-allemand, accède à l'occitan, au franco-provençal, à un statut de « polyglossie » sans souci de la *valeur politique* des langues, animé de la simple motivation pour leur esthétique, leur usage social, familial ou affectif.

---

[36] « An investigation of the development of the sentence and the extend of vocabulary in young children », *University of Iowa Studies in Child Welfare*, vol. III, number 5.

[37] *Bilingualism (with special reference to Bengal)*, Bureau of Education of India, Occasional Reports n°13, Calcutta, 59-60, cité par Andrée Tabouret-Keller, *op. cit*, p. 116.

[38] Cf. *annexe 5* du présent ouvrage.

On notera également comment il acquiert cette compétence de savoir qu'il existe plusieurs langues, et que le contact des langues appartient à l'état normal de la société des hommes.

Or, la norme de l'étanchéité, infiniment grevée de préjugés politiques, sera réaffirmée lors de la grande conférence de 1929 sur *Le bilinguisme et l'éducation* à Luxembourg, à laquelle participe Antoine Meillet, et qui restera jusqu'à la fin du 20ᵉ siècle un socle de structuration mentale en Europe et dans la plupart des systèmes éducatifs. A cette occasion, Meillet rappellera que « le bilinguisme est l'un des problèmes les plus importants de la linguistique » et fera mention des travaux uniques et fondamentaux du « regretté Ronjat ». Mais il ne pourra aller contre les représentations verticales de langue, interdisant l'éducation bilingue à l'intérieur des Etats-Nations entre langue « nationale » et langue « ethnique » ou « régionale ».[39]

Car si le bilinguisme reste, à l'évidence, « l'un des problèmes les plus importants de la linguistique », c'est qu'il permet de considérer la constitution de la compétence langagière comme un processus complet : phonétique, articulatoire, de composition abstraite – le double rapport signifié / signifiant que décrit Ronjat –, mais tout autant affectif, social, pragmatique. Le langage enfantin permet, comme l'entrevoyaient nombre d'auteurs cités par Ronjat (Baldwin, Wundt, Grammont...), de comprendre l'aube du langage humain : comment celui-ci se constitue, comment il évolue, comment, d'une certaine manière, l'ontogénèse récapitule la phylogénèse ?

Des passages importants de la *Description* répondent à des questions précises laissées en suspens par les prédécesseurs de Ronjat : on pense aux problèmes d'*assimilation* et de *dissimilation*, qui occupent toute la seconde partie de l'ouvrage, et qui sont en relation immédiate avec les travaux de Maurice Grammont. Mais on pense avant tout à la grande question posée par Meillet dans son compte-rendu de l'ouvrage de 1907 de Clara et William Stern : « Comment se comporterait un enfant mis en présence de deux langues distinctes qu'on lui parlerait également? » et à laquelle Ronjat répond de la plus élaborée des façons. Au-delà de la figure de chercheur, de phonéticien pointilleux et de linguiste, on perçoit à la lecture du *Développement* la figure du père : sa fierté, son inquiétude, son plaisir à voir émerger chez Louis la plus humaine et la plus inexplicable des qualités, la plus naturelle aussi lorsqu'elle est bien guidée, celle de la compétence en langues.

---

[39]   Voir dans l'*annexe 3* le compte-rendu de la conférence de 1929 rédigés par A. Meillet dans le *Bulletin de la Société de Linguistique de Paris*, 1930, T.30, p. 18-21.

Étayage linguistique du bilinguisme : phonologie, vocabulaire, syntaxe

L'étude commence dès la naissance de Louis, soit dans un cadre naturel de précocité absolue. (§ 1). Dans ce cadre, la fréquentation phonologique est fondamentale : le lexique, dans sa qualité et sa quantité, ne s'acquiert jamais par l'unité lexicale isolée, ni par le « parler bébé », mais par une langue la plus naturelle possible ; et la langue apparaît d'abord dans sa forme phonologique, accentuelle, rythmique : « l'enfant n'acquiert pas les phonèmes isolément ; il les acquiert groupés dans les mots qu'il répète : la phonétique s'acquiert indirectement en acquérant le vocabulaire » (§ 7). Ronjat parle à ce propos « d'incubation musicale » (§ 67). Le petit Louis « chante juste », il est capable de dire « monte » ou « descend » (§ 67) et guide son père dans ses vocalisations ; il a conscience de la ligne mélodique et intonative du langage. Ronjat note le moment du passage du « Krähen[40] » ou babil infantile vers le langage d'imitation : à ce moment, l'enfant ne retient que les phonèmes utiles (§ 25). De fait, Louis acquiert une prononciation idiomatique dans les deux langues :

> la prononciation de Louis est dans les deux langues celle d'un enfant indigène, et je n'ai jamais relevé un échange de phonème de langue à langue qui soit authentique et durable (§ 7).

Le bilinguisme paritaire permet de construire « deux jeux d'articulation » (§ 8) parallèles et distincts. Mais même si « un mot nouveau peut donner lieu à une hésitation momentanée ou être d'abord prononcé alternativement avec l'un ou l'autre des systèmes articulatoires » (§ 8), « le trait important à noter est que dès l'origine les deux systèmes d'articulation ont été distincts » (§ 7). Habitué à n'entendre parler qu'une langue par chacun de ses parents, Louis est étonné quand une personne parle alternativement les deux : il est alors extrêmement attentif à tout élément de « prononciation défectueuse » (§ 47). Le développement phonétique est parallèle, les tendances phonétiques générales se manifestant dans les deux langues. Aussi, lorsque des phonèmes sont acquis ou perdus dans une langue, les phonèmes correspondants sont acquis ou perdus dans l'autre (§ 12). Entrant dans l'écriture, Louis traitera la langue par écriture syllabique avant toute écriture alphabétique (§ 70). C'est par la langue, par son appréhension synthétique, qu'il entre dans l'analyse des unités. Son apprentissage décrit tout au long des cinq années étudiées un « procès par montées et paliers » selon un « rythme ondulatoire » (§ 71).

Ronjat pose la pratique d'une théorie de « l'emmagasinement linguistique » (§ 1-2) symétrique de « l'incubation musicale ». Il note que dès le seizième mois Louis construit « deux collections de mots et leur usage distinct » (§ 43). Dès la fin de sa troisième année, « Louis cherche à avoir deux vocabulaires aussi égaux

---

[40] Citation issue des travaux de Rudolf Meringer, *Aus dem Leben der Sprache*, Berlin : B. Behr, 1908, p. 146.

que possible et par exemple demande comment s'appelle dans une langue une chose dont il sait déjà le nom dans l'autre » (§ 34). Lorsqu'il n'a pas le mot dans la langue qu'il souhaite utiliser, il fait un « emprunt de mot phonétiquement adapté » ou qu'il peut laisser tel quel si l'adaptation lui semble trop complexe et irréalisable. Reprenant une analyse faite par Maurice Grammont, Ronjat note que

> dans tout son apprentissage de la parole l'enfant « n'est pas le tireur maladroit qui frappe à l'aventure, c'est un bon tireur qui ne dispose que d'une arme défectueuse ou mal pointée et qui touche toujours au même endroit jusqu'à ce qu'il ait rectifié son tir » (§ 20[41]).

Les emprunts de langue à langue sont le fait du vocabulaire. En ce qui concerne la syntaxe, il n'y a pas emprunt mais « influence de langue à langue » (§ 35). Ronjat note les expressions « rouge vin », « profond trou » (35ᵉ mois), « bleu radis » (43ᵉ mois) : constructions syntaxiques erronées qu'il explique par la fixité de la place de l'adjectif en allemand contrairement au français : il y a donc, sur le syntagme nom-adjectif davantage de fautes de construction syntaxiques en français qu'en allemand, *puisqu'il y a moins de régularité*[42]. Le principe de la *régularité*, de l'input langagier à la qualité de la langue, est un élément fondamental de la « méthode » de Ronjat. Seule la régularité permet la *prédictibilité*, qui est la porte d'entrée vers la capacité du jeune enfant à « inventer » le langage, à concevoir les symétries et les asymétries, les constructions syntaxiques, phonétiques, morphologiques, propres à chaque langue ou à chaque famille de langues.

Ronjat note enfin que la construction bilingue mène le petit Louis à des manipulations incessantes et autonomes de langue à langue, propices à des réalisations qui débordent le champ purement linguistique : goût pour les manipulations techniques ou technologiques ; aspects esthétiques des sons – comparés à des couleurs, elles-mêmes distinctes d'une langue à l'autre – (§ 68) ; analyses fines en numération et calcul : dès le 45ᵉ mois, Louis s'exclame que « cinq, c'est deux plus deux plus un », que « six, c'est trois fois deux et deux fois trois » en étayant cette analyse des données complexes grâce à des noyaux

---

[41]   Maurice Grammont, « Observations sur le langage des enfants », *Mélanges linguistiques offerts à M. Antoine Meillet*, Paris : Klincksieck, 1902, p. 62.

[42]   Le grammairien normatif Desgrouais observait déjà ce phénomène de « l'adjectif déplacé » en occitan : « Une oreille parisienne est blessée lorsqu'elle entend ...*un pain petit* ; *une femme grande* » tandis qu'il *faut* dire « un *petit pain* ; une *grande femme* », *Les gasconnismes corrigés. Ouvrage utile à toutes les personnes qui veulent parler & écrire correctement, & principalement aux jeunes gens, dont l'éducation n'est point encore formée*, Toulouse : Jean-Jacques Robert, 1766, p. 23. Desgrouais note la fixité régulière en occitan (comme du reste dans les langues romanes, sauf le français) du syntagme nom + adjectif, tandis que les langues germaniques notent adjectif + nom.

de fruits qu'il manipule et compte dans la main de son père (§ 68) ; reconnaissance de différents alphabets (34e mois) (§ 70).

L'attention plastique, phonatoire et formelle de la langue construit ce que Jules Ronjat nomme le « sens linguistique » du petit apprenant bilingue.

Conditions affectives, sociales et comportementales

Ronjat définit scrupuleusement les temps et les espaces d'emploi de chacune des deux langues. Jules dit à Louis de parler « comme papa » ou « comme maman », car la représentation du « parler français ou allemand » serait trop abstraite dans les premiers temps (§ 44). En cela, il exemplifie l'utilisation du langage comme un « acte de locution » (Saussure) et souligne qu'il est un acte affectif et social en contexte : l'*individuation* est pédagogique, pas érudite. Louis emploie l'une ou l'autre langue en fonction des besoins, des spectateurs, des désirs. Ses monologues peuvent se faire dans l'une ou l'autre langue, « mais c'est toujours en français qu'il s'adresse à un Charles imaginaire, parce que les garçons qu'il connaît et sur le type desquels il a créé son Charles vers le 52e mois parlent tous français, et non allemand » (§ 5).

Il s'adresse toujours en français à son père, en allemand à sa mère – alors qu'il sait que l'un et l'autre sont bilingues tous deux. « L'idée de langage est donc liée à l'idée d'individu » (§ 47). La nounou cuisinière de la famille Ronjat a toujours été allemande, mais un jour arrive une nouvelle cuisinière qui est française : Louis « se met à parler allemand à la cuisinière, celle-ci n'en comprend pas un mot, l'erreur dure peu » (§ 44). L'acte de locution bilingue est donc toujours mis en tension dans un contexte et un enjeu social qui réclament une estimation constante et requièrent un choix entre de bonnes stratégies, validées par les actes en communication.

Le bilinguisme parfait n'existe pas chez Louis, même si la parité est toujours respectée de la part des parents. Tandis qu'il y a prédominance de l'allemand au début, on note un retour à l'égalité des deux langues vers le 26e mois puis, avec un déménagement en France, une prédominance du français avant une égalité rétablie vers le 43e mois note Ronjat (§ 3-7), due à un emploi de l'allemand auprès de la maman « par affection, par curiosité et jeu intellectuel mais aussi *pour épater le public* » (§ 59). Les éléments de la personnalité du jeune enfant expliquent ce choix, qui va à l'encontre d'autres situations diglossiques ou bilingues que Ronjat analyse comparativement.

Pourquoi certains locuteurs abandonnent-ils leurs compétences bilingues ? La première des raisons est mécanique : la langue abandonnée n'a pas d'utilité sociale. « Dans ces conditions, un enfant moins affectueux ou moins intelligent [que Louis] pourrait abandonner *une langue dont la connaissance n'est pas indispensable* » (nous soulignons) (§ 59). Ronjat insiste sur l'influence fondamentale du contexte sur la construction du bilinguisme et la légitimité de l'emploi bilingue :

> Je crois d'une manière générale pour l'adoption d'une langue par un enfant à une très grande influence de l'importance familiale et sociale des personnes qui la parlent (§ 60).

Deux exemples sont donnés pour étayer cette importance structurante du contexte affectif et social. Le premier touche les deux filles de Wilhelm von Humboldt. Nous sommes en 1804 à Rome, où Humboldt vit seul avec Adel qui a alors quatre ans et Gabriele qui en a deux. Adel reste toujours avec son père et parle avant tout allemand, tandis que Gabriele reste toujours avec les domestiques italiens. Cependant, Adel joue et chante en italien et parle italien aussi facilement et parfois plus correctement que l'allemand. Mais lorsque son père lui demande la langue qu'elle préfère : Adel déclare préférer « la langue de papa », les larmes aux yeux – l'italien étant perçu comme langue de sub-ordonnés, d'étrangers. A table cependant, Adel commence à abandonner l'allemand dès que Gabriele mange avec eux, la petite sœur ne parlant qu'italien (§ 60). Autre exemple, celui de Peter, petit Allemand parlant malais jusqu'à l'âge de trois ans : ses parents vivent à Sumatra, où Peter entend également du néerlandais – perçu par lui comme une variété de l'allemand, par quelque perception naturelle d'intercompréhension. De retour en Allemagne avec un domestique malais qui apprend l'allemand, Peter parle encore malais au domestique, parfois aux parents en précisant « malayu » [en malais] ou « en allemand » avant ses phrases ou ses réponses. Mais Peter abandonne peu à peu le malais avant de pouvoir s'exprimer en allemand aussi facilement et aussi correctement qu'il le faisait en malais. Son allemand est au début défectueux car mêlé de néerlandais, influencé par la syntaxe malaise. Vers trois ans et demi l'enfant peut s'exprimer suffisamment en allemand et il commence à comprendre difficilement le malais. Il l'oublie tout à fait quand le domestique rentre dans son pays ; à trois ans et huit mois il ne comprend plus les conversations que ses parents ont ensemble en malais :

> L'enfant, ses parents en sont convaincus, a dû remarquer que les Malais sont un peu considérés comme des êtres inférieurs, et englober leur langue dans une appréciation générale défavorable (§ 60).

Par ces exemples que Ronjat ne commente pas plus avant, on peut synthétiser plusieurs aspects fondamentaux des stratégies bilingues. Chez Peter, notons d'abord le passage d'un bilinguisme fonctionnel en phase de construction vers un état de *semilinguisme* qui étiole les compétences langagières des deux répertoires, avant de construire un monolinguisme fonctionnel qui efface tout *stigmate*. La phase diglossique est nettement pointée. Elle s'explique par l'abandon de fonctionnalité d'une langue due à l'éloignement de son espace naturel de locution, mais également à un abandon affectif, presque choisi et volontaire lorsque Peter a assimilé la hiérarchie des langues et leur principe de subordination. Les parents de Peter parlent encore le malais, mais cette langue est étrangère à l'un ou l'autre : Peter ne s'inscrit pas dans le territoire affectif de cette langue, qui n'a pas de légitimité en Allemagne. Peter quitte une des deux langues car il n'est plus dans l'espace naturel de la langue. Pour les filles Humboldt, l'effet est presque antithétique. Adel choisit de passer affectivement à la langue de l'espace où elle se trouve, en présence du modèle linguistique dominant.

Certes, Ronjat ne fait aucun commentaire sur ces anecdotes linguistiques, mais elles permettent de formaliser une modélisation bilingue où apparaissent en bonne place les éléments de fonctionnalité, d'affectivité, de représentations sociolinguistiques en terme de dominance, de partage de territoire langagier. On peut sans doute lire à demi-mot une analyse des données contemporaines de diglossie en zone occitane de France. Entre tous ces exemples, le petit Louis s'impose comme un enfant qui est en état de gérer son bilinguisme : construction de deux répertoires phonologiques, syntaxiques, lexicaux distincts, à la fois étanches et accordés ; partage des territoires langagiers fonctionnant sur la base de la parité parentale ; importance de l'affectivité, du désir et de la fierté, comme moteurs d'une construction de personnalité.[43] Le bilinguisme de Louis fonctionne grâce à une légitimité totale et équilibrante : aucune langue n'est perçue comme « étrangère » (Adel) ; « inférieure » ou « défavorable » (Peter) ; chaque langue est portée affectivement par un modèle langagier. Cette régulation, affective et sociale, permet au bilinguisme de s'épanouir de manière équilibrée.

Le bilinguisme et les stratégies d'organisation du plurilinguisme

L'équilibre social et affectif des actes de parole dans les deux langues créent bientôt ce que Ronjat nomme dans le chapitre V de son ouvrage la « conscience du bilinguisme » (§ 49-60). « La conscience de posséder deux vocabulaires distincts s'est nettement manifestée dès le 20ᵉ mois » (§ 46). « La pleine conscience du bilinguisme date au moins de la fin de la troisième année[44] ; elle a pu être en partie provoquée, ou hâtée, par les faits relatifs aux personnes qui ont parlé à Louis ou à qui Louis a parlé alternativement deux langues et qui ont employé les expressions en français, en allemand » (§ 49). La *conscience*

---

[43]   Contrairement à Peter qui, une fois en Allemagne, abandonne le malais qui n'est ni la langue du père ni la langue de la mère, Louis conserve l'allemand en France (nous sommes en 1913 !) « pour épater le public » (§ 59), externalisant le sentiment de territoire affectif langagier dans la sphère sociale.

[44]   « (…) traductions fréquentes, croisements provenant de l'habitude de rapprocher l'un de l'autre les deux vocabulaires, emploi des expressions *langue, en allemand*, etc…) » (§ 57).

linguistique de Louis (le syntagme est en gras chez Ronjat) semble venir de l'analyse intuitive de la distinction des codes, puis des représentations :

> Deux collections de plus en plus étendues de vocables se sont constituées avec le sentiment que l'une est applicable à maman, à la grand-mère, à certains parents, amis et domestiques, l'autre à papa et à d'autres parents, amis et domestiques. Partant ainsi d'un état tout concret, ce sentiment s'est progressivement affiné jusqu'à la conception abstraite de *langue* (§ 39).

La conscience se développe par le jeu incessant de construction de double répertoire : il faut que Louis organise des collections formelles distinctes dans des actes de parole parfois symétriques. Ceci développe une

> aperception de correspondances phonétiques entre français et allemand éveillée sur des différences de prononciation dans des couples de mots de même sens du vocabulaire commun et dans des groupes de mots de vocabulaires différents présentant des ressemblances de structure[45] (§ 40).

Ce travail autonome et guidé soit sur le sens des mots, soit sur leur forme, aide à passer de la phase de l'emprunt de mots laissés tels quels à l'adaptation : « il forge [le mot manquant dans la langue] d'après certaines correspondances qu'il a remarquées ». Cet élément est fondamental dans la maîtrise des langues, dans le bilinguisme comme dans l'intercompréhension : Louis, apte à organiser les « correspondances » de langue à langue, peut *inventer* grâce au principe actif de *prédictibilité* des éléments langagiers. L'étape suivante est celle de l'adaptation à la correction, grâce à une mémoire mieux meublée et un « sens linguistique plus affiné » : Louis demande alors le membre qui manque dans un couple ou procède par définition et périphrase, c'est-à-dire par reformulation.

> Louis a pu faire de bonne heure non pas des traductions, mais d'exactes transmissions de message d'une langue dans l'autre : naturellement il ne s'agit là de rien qui ressemble à une traduction. Chez un enfant monoglotte, il y a une liaison entre la représentation visuelle d'un objet, la représentation mentale d'une qualité, d'une action, etc... et la représentation mentale d'un mot pour désigner cet objet, cette qualité, cette action, etc.... Chez le nôtre, il y a double liaison entre la représentation visuelle d'un objet, la représentation mentale d'une qualité, d'une action, etc... et la représentation mentale de deux mots d'autre part, et l'un ou l'autre élément de cette double liaison fonctionne suivant la personne à laquelle l'enfant s'adresse (§ 43).

Au même moment où Saussure explicite les « principes généraux » de la « nature du signe linguistique », Ronjat compare les procédures de construction de langue entre monoglotte et bilingue jusqu'à la conception de l'abstraction des

---

[45]   Par exemple : « Au 45ᵉ mois Louis entend *Approbation* [prononcé en allemand] dans une phrase en allemand que j'adresse à sa mère ; immédiatement, il me demande : « Qu'est-ce que c'est *Approbation* ? » en donnant au mot la prononciation française. » (§ 42).

deux langues grâce à une *double liaison*. La conscience de ce bilinguisme est d'autant plus forte que Louis joue avec son bilinguisme (§ 51), c'est-à-dire accède par l'inventivité du langage, jeux de « croisement et adaptations » (§ 34[46]) entre deux systèmes d'arbitraire du signe, à deux systèmes langagiers autonomes. Il a également conscience de l'intraduisible de certains mots : les noms propres qui n'ont pas double forme sont laissés tels quels dans les deux langues. Au 43ᵉ mois, Louis dit : « je sais deux langues » (§ 51). Au 46ᵉ mois,

> en visite chez des amies qui parlent de son bilinguisme, il intervient dans la conversation pour rectifier : « Moi, je sais trois langues. – Lesquelles ? – Le français, l'allemand, le patois ». Il se vante, sa connaissance de notre franco-provençal étant limitée à quelques mots que la cuisinière s'est amusée à lui donner en l'échange de mots allemands (§ 51).

La construction bilingue équilibrée permet de construire des compétences d'accueil à d'autres langues. Parmi les principaux résultats observés avant cinq ans, Ronjat note que Louis distingue une langue qui n'est ni allemand ni français ; il sait qu'il y a des pays où l'on parle une autre langue que l'allemand ou le français. Ces connaissances et compétences linguistiques sont formalisées grâce à la notion d'identité de langue, d'*individuation* désormais érudite.

Le bilinguisme selon Ronjat est l'état d'un individu qui maîtrise de manière dynamique plusieurs systèmes de formalisation langagière et de conception du monde, le rendant apte ainsi à s'extraire de l'étanchéité des formalisations et des conceptions d'une vision monocentrée du langage et du monde.

Ronjat met en place les principes d'une éducation plurilingue. Il démontre par l'intercompréhension que la variation est intrinsèque aux langues (non standardisées abusivement comme l'est le français langue d'Etat) et qu'il y a capacité à s'entendre au-delà des variations au sein d'une même langue (l'occitan) ou dans des langues en continuum (français, franco-provençal, occitan, catalan) qui sont sur un même territoire ou qui sont sur des Etats différents. Il démontre par l'étude d'un cas de bilinguisme paritaire que parler deux langues n'est pas mélanger les langues, mais construire deux répertoires phonologiques, syntaxiques et lexicaux distincts. Il y a sur le même « territoire » de la personnalité du locuteur bilingue deux identités langagières. En cela, la compétence du bilingue n'est pas l'addition de deux compétences monolingues mais une compétence unique et démultipliée.

Pour cela, répétons-le, l'œuvre de Ronjat reste d'une actualité continue, et un siècle après son émergence gagne à être diffusée et suivie d'effets.

---

[46] Ronjat chante « à la fin du 38ᵉ mois le début de l'appel de *Donner* » [*L'Or du* Rhin, scène IV] que Louis nomme « chanson *du tonnerre* » ; « comme nous parlons d'un de mes cousins que nous appelons *l'oncle Marc*, Louis observe : « Et aussi timbre », pensant immédiatement au mot *marque* adapté de l'allemand *Marke* (timbre-poste) » (§ 51).

Notes d'édition

Nous avons procédé à plusieurs changements par rapport à l'édition de 1913. Le premier consiste dans le remplacement du système de notation phonétique abondamment utilisé dans la thèse. Ronjat forge un système à partir de la transcription Bourciez et du système mis en place par l'Abbé Rousselot[47], appelé parfois alphabet Rousselot-Gilliéron. Ronjat connaît personnellement Rousselot, qu'il cite à trois reprises dans le *Développement* et dont les travaux posent, selon les mots de Ferdinand Brunot, « les bases d'une science nouvelle : la linguistique expérimentale ». Hervé Lieutard s'est chargé du travail immense et minutieux de ressaisir l'ensemble des notations phonétiques et de remplacer ce système peu usité de nos jours par l'Alphabet Phonétique International dont nous donnons une correspondance en fin de recueil.

Le second changement touche à la structure du recueil. Ronjat rédige, après l'introduction et les VI parties de sa thèse intégralement recomposées dans notre édition, cinq annexes finales : une *explication des procédés graphiques employés dans le recueil* ; un *répertoire de définitions* ; une *table des abréviations* ; un *répertoire de formes*, et enfin la *table des matières*. L'*explication des procédés graphiques* est remplacée par un *tableau des signes phonétiques* donnant la concordance entre les signes employés par Ronjat et l'API que nous avons utilisé. La *table des abréviations* n'a pas été éditée puisque nous avons choisi de ne pas employer d'abréviations dans le corps du texte mais de développer chaque terme, afin de rendre la lecture plus aisée. De même, *l'errata* final n'a évidemment pas été repris, les quelques erreurs ou coquilles du texte original ayant été corrigées par nos soins. *Les* éléments bibliographiques qui apparaissent par ordre alphabétique dans la *table* ont été redonnés intégralement dans notre *bibliographie* finale. Celle-ci reprend les sources employées par Ronjat dans sa thèse, auxquelles nous adjoignons une *bibliographie* des œuvres de Jules Ronjat ainsi qu'une *bibliographie* des articles ou recueils traitant de notre auteur. Il ne nous a pas paru utile de redonner le *répertoire de formes* qui reprenait, alphabétiquement, des sons, des mots, des

---

[47]   Jean-Pierre Rousselot (1846-1924) est né dans le Limousin, d'une mère ne parlant que l'occitan. Ordonné prêtre en 1870, il pense à une thèse sur les limites des dialectes d'oc et d'oïl, qu'il abandonne (1879). A partir de 1885, il suit les cours de G. Paris, A. Meyer, M. Bréal. Il crée l'année suivante, dans le cadre de ses premières recherches de phonétique expérimentale, un appareil d'inscription électrique de la parole. Il crée en 1887 avec Jules Gilliéron la *Revue des patois gallo-romans* qui cessera sa parution en 1893. Jules Gilliéron fait paraître un Atlas linguistique de la France de 1421 cartes complètes entre 1902 et 1910. La thèse de Rousselot, citée par Ronjat, est soutenue en 1891 : *« Les modifications phonétiques du langage étudiées dans le patois d'une famille de Cellefrouin (Charente) »*. Le premier laboratoire de phonétique jamais créé est ouvert par lui en 1899, à l'Institut Catholique de Paris. Président de la *Société Linguistique de Paris*, Rousselot enseigne pendant quinze ans au Collège de France la phonétique expérimentale, traitant d'une incroyable diversité de langues au monde.

syntagmes, français ou allemands. Notre *table des matières* donne en fin de volume l'ensemble de ce que le lecteur trouvera dans cette réédition du centenaire.

Nous apportons par ailleurs différents textes supplémentaires qui nous ont paru intéressants à plus d'un titre. Il s'agit tout d'abord des comptes-rendus de lecture d'Antoine Meillet aux ouvrages de Stern et Meringer qui ont pu servir de point de départ à l'intérêt de Ronjat pour le bilinguisme, et que lui-même cite abondamment. La fameuse phrase de Meillet qui ouvre l'ouvrage de Ronjat – « Comment se comporterait un enfant mis en présence de deux langues distinctes qu'on lui parlerait également ? » – s'y trouve dans son contexte. Il nous a semblé ensuite important de rajouter à l'ouvrage de Ronjat les deux comptes-rendus de Maurice Grammont et Antoine Meillet. La « principale conclusion » que tire Meillet du *Développement* est qu'un individu peut parfaitement développer en lui deux systèmes langagiers, phonologiques, qui ne se « brouillent » pas entre eux. L'attention au « prestige social » des langues est particulièrement notée, pas en avant vers une conscience sociolinguistique, « conclusion de grand prix pour la linguistique générale ». Le troisième texte porté à la connaissance du lecteur est le compte-rendu que fait Antoine Meillet aux travaux de la conférence internationale sur le bilinguisme et l'éducation, qui se déroule à Luxembourg en 1929. Meillet y affirme que « le bilinguisme est l'un des problèmes les plus importants de la linguistique » et rappelle que les travaux de Ronjat sont pionniers en la matière, et pour l'heure inégalés. En revanche, les préjugés sur le « prestige social des langues » et sur l'âge de la scolarisation continuent, en cette période de nationalisme européen, à grever l'avancée d'une éducation bilingue et précoce telle que l'étudie Ronjat. Les deux textes finaux datent de la même année 2001. Le premier est un extrait de la première circulaire nationale (française) concernant le bilinguisme paritaire précoce ; issu des longues expériences alsaciennes et occitanes et de deux circulaires académiques antérieures, ce texte ouvre dans l'Education Nationale la possibilité de développer un bilinguisme paritaire précoce français – langue régionale et précise ses multiples intérêts. Le dernier texte est une série d'extraits du *Cadre Européen Commun de Référence des Langues* issu de la Division de la Politique Linguistique du Conseil de l'Europe. On retiendra notamment une phrase qui nous semble symptomatique d'un esprit nouveau : « [l'apprenant] ne classe pas ces langues dans des compartiments séparés mais construit plutôt une compétence communicative à laquelle contribuent toute connaissance et toute expérience des langues et dans laquelle les langues sont en corrélation et interagissent ». Les langues, quel que soit leur « prestige social » ou national, appartiennent à la biographie d'individus ou de sociétés, construisent la compétence langagière qui ne peut être que globale. L'interaction – bien plus que l'étanchéité – est le point central de la construction systémique du langage. Les langues sont bien au cœur des apprentissages, comme des identités individuelles et collectives. Ce texte deviendra en 2005 le texte de référence de la politique linguistique de la France, avant de nombreux autres pays.

Nous voulons enfin apporter tous nos remerciements à Mme Ulrike Klemmer qui s'est chargée de la mise en page du volume ainsi qu'à M. Michael Rücker de la maison d'édition Peter Lang pour sa confiance sans faille dans ce projet.

Pierre Escudé

LE DÉVELOPPEMENT DU LANGAGE

OBSERVÉ CHEZ UN

ENFANT BILINGUE

PAR

Jules RONJAT

DOCTEUR ÈS LETTRES

PARIS

LIBRAIRIE ANCIENNE H. CHAMPION, ÉDITEUR

ÉDOUARD CHAMPION

5, QUAI MALAQUAIS, 5

Téléphone 828-20

—

1913

MEINER LIEBEN FRAU

ZUGEEIGNET

Die Frucht und Krone deiner treuen Liebe,
das süsse Söhnchen gabst du mir, mein Weib,
so flink, so klug im bunten Sprachgetriebe
wie lieblich an Gemüt, wie schön an Leib.
Zum Danke, Mutter, nimm dies Buch entgegen :
es liegt vor dir, so tüchtig wie ich weiss
gebunden, meines Forschens Erntesegen,
das Werk von eines stolzen Vaters Fleiss.[48]

---

[48] A ma chère femme. / Au faîte de ton amour et de ta fidélité, / Ma femme, tu m'as donné
ce bel enfant, / Aussi habile et vif dans son babil / Qu'aimable et beau en corps et en
esprit. / En signe de ma gratitude, en gage de ma fierté, / Reçois ce livre, / Moisson bénie
de ma recherche, / En lequel j'ai mis le meilleur de mon savoir et de mon art. (Merci à
Daniel Morgen pour sa traduction de la dédicace).

INTRODUCTION

« Comment se comporterait un enfant mis en présence de deux langues distinctes qu'on lui parlerait également ? » M. A. Meillet[49] a posé cette question en montrant quelle importance auraient les réponses pour la linguistique générale (*Bulletin de la Société de Linguistique de Paris*, tome XVI, p. LXVI). C'est une de ces réponses – et, je crois, la première en date qui soit quelque peu détaillée – que je voudrais donner ici.

Je crois inutile de faire précéder ou suivre cette réponse par une bibliographie générale du langage enfantin. Je ne pourrais guère que copier celle qui accompagne la *Kindersprache* de M. et Mme Stern[50] en y ajoutant quelques livres et articles qui figurent à ma *Table des abréviations*[51] parmi les ouvrages dont j'ai cité des passages utiles à mon sujet. J'ai lu de nombreux travaux, de valeur très diverse, mais présentant tous au moins quelque détail intéressant. Ce sont en général des études sur la psychologie de l'enfant où le langage est envisagé d'une façon accessoire, ou des monographies dont les auteurs, comme il est naturel, étudient le langage de leurs propres enfants ou d'enfants qu'ils avaient tout au moins fréquemment l'occasion d'observer. Le livre de M. et Mme Stern contient d'abord deux monographies de cette nature, puis une étude générale du langage enfantin qui systématise les résultats présentés par ces deux monographies et par l'ensemble de la littérature du sujet. C'est en somme un excellent répertoire de faits, malgré l'imprécision des notations phonétiques, et une très précieuse généralisation, sous réserve de certains amendements qu'il convient d'apporter aux déductions d'ordre linguistique et des compléments et modifications qu'apporteront sans doute, dans un avenir plus ou moins éloigné, des monographies encore plus nombreuses que celles dont on dispose actuellement, plus précises que ne le sont beaucoup d'entre elles, et portant, plus qu'il n'a été fait jusqu'ici, sur des langues de structure diverse et sur des enfants nés dans des milieux divers au point, de vue de la culture intellectuelle.

---

[49] Paul Jules Antoine Meillet (1866-1936) est l'un des principaux linguistes européens du début du XXe siècle. Secrétaire de la Société de Linguistique de Paris, il donne des enseignements au Collège de France sur l'histoire et la structure des langues indo-européennes.

[50] Clara und William Stern, *Die Kindersprache, eine psychologische und sprachtheoretische Untersuchung*, Leipzig, Johann Ambrosius Barth, 1907. Cet ouvrage fondateur a été réédité en 1987 (Neudruck Wissenschaftliche Buchgesellschaft Darmstadt WBG) mais ne connaît aucune traduction en français ou en anglais. William Stern (1871-1938) est l'un des membres fondateurs de la Société allemande de psychologie (1905). Directeur de l'institut de psychologie de l'université de Hambourg de 1919 à 1933, il quitte l'Allemagne pour l'université de Durham en Caroline du Nord.

[51] Cette table n'a pas été reproduite, les abréviations et les références bibliographiques ayant été explicitées dans le texte pour plus de confort. Nous reproduisons dans une bibliographie finale les œuvres citées par Ronjat.

Les *Principes de linguistique psychologique* de M. van Ginneken[52] et les travaux de M. Bally sur la stylistique[53] m'ont constamment éclairé dans la recherche des liens entre les faits de pensée et les faits de langage ; l'article de M. Grammont[54] dans les *Mélanges Meillet*[55] m'a été le plus sûr des guides pour diriger l'observation et l'expérience. Enfin je nommerai dans un sentiment de reconnaissance bien sincère M. P. Dubois[56], professeur à l'Université de Berne, à qui je dois à peu près tout ce que je peux savoir en psychologie ; M. Saugrain, professeur au collège de Vienne (pendant la rédaction de ce livre, nommé depuis au lycée de Cherbourg), qui a bien voulu contrôler l'exactitude de mes renseignements sur le langage de sa fille Addi[57] et m'en fournir de nouveaux et très précieux, et M. Vendryes[58], dont les conseils éclairés m'ont permis, sur plus d'un point important, d'affermir ma pensée et d'en améliorer l'expression.

---

[52] Jacobus Joannes Antonius van Ginneken (1877-1945), jésuite (1895) et prêtre (1910) est docteur en psychologie en 1907 à l'université de Leyde. Ses *Principes de linguistique psychologique* ont pour but de rechercher « comment et pourquoi dans chaque communauté linguistique tel ou tel groupe de lois phonétiques, morphologiques ou sémantiques se sont combinées et devaient nécessairement se combiner avec une série d'actions analogiques respectives en un tout systématique que nous avons coutume d'appeler *une langue* ». (p. IV).

[53] *Cf.* note au § 51 *ad finem* (*note J. Ronjat*). Charles Bally (1865-1947) étudie à Berlin avant de devenir privat-docent à l'université de Genève de 1893 à 1913 puis d'occuper la chaire de linguistique générale et de comparaison des langues indo-européennes de son collègue Ferdinand de Saussure dont il assure la publication, avec Albert Sechehaye, du *Cours de linguistique générale* que relit avant édition Jules Ronjat. Il détache la stylistique, branche importante de la linguistique grâce à ses travaux, de sa fonction classique de description normative pour en faire l'étude des variations, « des faits d'expression du langage organisé au point de vue de leur contenu affectif, c'est-à-dire l'expression des faits de la sensibilité par le langage et l'action des faits de langage sur la sensibilité ».

[54] Maurice Grammont (1866-1946) étudie à Fribourg et Berlin avant de suivre les enseignements de Michel Bréal, Gaston Paris, Ferdinand de Saussure et J.-P. Rousselot. A partir de 1895, il occupe la chaire de grammaire et philologie comparée à l'université de Montpellier, d'où il dirigera longtemps la *Revue des Langues Romanes*.

[55] Maurice Grammont, « Observations sur le langage des enfants », *Mélanges linguistiques offerts à M. Antoine Meillet*, Paris, C. Klincksieck, 1902, 61-82.

[56] Paul Charles Dubois (1848-1918), neurologue suisse, considéré comme l'un des pères de la psychothérapie.

[57] Dont la maman est Allemande.

[58] Joseph Vendryes (1875-1960), élève d'Antoine Meillet, occupe la chaire d'études celtiques à l'École Pratique des Hautes Études.

Méthode suivie pour apprendre les deux langues

§ 1. – Mon fils Louis est né à Vienne sur Rhône, où nous habitons, le 30 juillet 1908. Peu après sa naissance, M. Grammont m'écrivait : « Il n'y a rien à lui apprendre ou à lui enseigner. Il suffit que lorsqu'on a quelque chose à lui dire on le lui dise dans l'une des langues qu'on veut qu'il sache. Mais voici le point important : *que chaque langue soit représentée par une personne différente*. Que vous par exemple vous lui parliez toujours français, sa mère allemand. *N'intervertissez jamais les rôles*. De cette façon, quand il commencera à parler, il parlera deux langues sans s'en douter et sans avoir fait aucun effort spécial pour les apprendre ». Ce procédé exclut a priori toute confusion grave et tout effort intellectuel fatigant. L'enfant n'a qu'à savoir par exemple que, s'il désire du pain, il doit dire *Brot* ou *pain* suivant qu'il le demande à maman ou à papa. La méthode a été appliquée dès le début et constamment maintenue, sauf quelques infractions d'importance secondaire (voir § 4 *ad finem*, 47).

On verra par la suite que cette méthode a bien donné les résultats attendus. Il est important de l'appliquer dès la naissance de l'enfant. Il se produit « chez les enfants, tant qu'ils ne peuvent pas articuler, un emmagasinement et une sorte d'incubation. Ils s'assimilent le vocabulaire et la prononciation. Si bien que lorsqu'ils peuvent parler, ils ont dès le premier jour un vocabulaire de vingt, trente ou quarante mots (Grammont[59], p. 81). Une petite fille française ayant eu une nourrice italienne qui parlait français avec un fort accent italien, s'étant mise à parler un mois après le départ de cette nourrice, a parlé français avec un vocabulaire dû presque entièrement à ses parents et une phonétique due à sa nourrice, la personne qu'elle avait le plus entendu parler dans la première année de sa vie : *assiette, voiture* prononcés par les parents [a'sjɛt, vwa'tyr] sont répétés par l'enfant [a'tɛta, a'tyja] ; à deux ans et demi elle répète comme par plaisir un paroxyton[60] provençal ou italien entendu ; ces phénomènes subsistent, ainsi que le nasillement caractéristique de beaucoup d'Italiens du peuple, jusqu'à trois ans (Grammont, p. 74-80). Une petite fille allemande passe les dix-huit premiers mois de son existence en Silésie ; elle n'y acquiert qu'un voca-bulaire d'une extrême indigence. Elle est alors amenée à Berlin, où elle acquiert vers l'âge de trois ans un vocabulaire normal. Là, à l'âge de cinq ans, elle produit tout à coup des tournures silésiennes qu'elle n'avait plus eu l'occasion d'entendre depuis trois ans et demi ; il est impossible d'expliquer leur présence autrement que par la persistance des impressions latentes *emmagasinées* pendant une période très reculée et où, chose remarquable, l'enfant ne savait pour ainsi dire pas parler. Une autre devient sourde à quatre ans, alors qu'elle possédait un vocabulaire assez étendu. Elle perd la parole entièrement. Conduite à huit ans dans un établissement de sourds-muets, elle réapprend péniblement à articuler.

---

[59] Maurice Grammont, « Observations… », *op. cit.*
[60] Mot dont l'accent tonique est placé sur l'avant-dernière syllabe.

Au bout d'un an environ, elle produit tout à coup des souvenirs de son langage antérieur, qui sont donc restés cinq ans à l'état latent (Stern, p. 257, 258).

Non seulement la méthode « une personne, une langue » a été appliquée par ma femme et par moi, mais nos parents et amis allemands, les *Fräulein* et bonnes allemandes ont toujours parlé allemand à Louis, et nos parents et amis de langue française ont toujours été priés de ne lui parler que français. On verra au § 47 quel étonnement a causé à l'enfant la première infraction grave à cette règle.

§ 2. – Mon français et celui de la plupart de nos parents et amis de langue française est ce français moyen (parisien dégagé de particularités qui étonnent l'auditeur en dehors d'une zone plus ou moins limitée autour de Paris, telles que *a* fermé dans *paille, casser, Pasteur, conservation*, etc…, consonnes géminées dans *addition, grammaire*, etc..) qui se répand de plus en plus comme une κοινή[61] à l'usage des classes cultivées – ou se croyant telles – un peu partout, et peut-être spécialement dans nos pays, qui font historiquement partie du domaine linguistique franco-provençal. C'est comme une monnaie de change sans empreinte et qui a cours partout. Tandis que le parisien pur nous choque comme un langage affecté, *pointu* – j'entends ici noter une impression incontestable, et non critiquer une prononciation parfaitement légitime en soi –, notre français ne détonne ou n'étonne pour ainsi dire nulle part : dans les pays français les plus divers on nous dit que nous parlons *sans accent*, et il n'y a guère que les spécialistes qui sachent nous situer au moyen de quelques particularités comme *o* ouvert ou moyen dans *pot, mot, gigot*, etc…, ou comme *percerette* au lieu de *vrille, coulant* au lieu de *rond de serviette*, etc...

C'est mon français qui a été « emmagasiné » par Louis : pendant les deux premières années de sa vie il n'en a guère entendu d'autre. Nous avions alors à la maison un personnel allemand. Quand l'enfant a eu des bonnes françaises, leur langage teinté de franco-provençal n'a eu aucune influence sur lui : les habitudes articulatoires étaient prises. Ce qu'il a pu entendre dans la rue ou à la campagne n'a pas eu non plus d'action sur son langage.

L'allemand de ma femme, de ma belle-mère et de ma belle-sœur (Louis a vu et entendu sa grand'mère et sa tante pendant environ huit mois en tout en quatre ans, et cela à des phases très diverses de son développement) est une κοινή comparable à mon français. Il contient une proportion très discrète de traits appartenant spécialement à l'allemand du Sud ; principalement, *s* sourde est fréquente à l'initiale, même dans des groupes tels que *die Sonne* ; pour [i, u, y] – voir à la fin de ce livre la table des *Procédés graphiques*[62].

---

[61] Koinè.

[62] Le lecteur trouvera toutes les indications dans la partie dédiée aux *signes phonétiques.*

L'allemand discrètement francfortois (Francfort-sur-le-Main) d'une *Fräulein* qui a donné ses soins à Louis pendant la seconde année de sa vie ne paraît avoir eu aucune influence appréciable.

L'allemand appris à l'école, mais fortement teinté de parler badois, d'une cuisinière et d'une bonne que nous avons eues à la maison pendant la première année de la vie de Louis, puis d'une cuisinière pendant la seconde année, n'a eu aucun effet. Il parle « comme maman ».

L'importance des impressions linguistiques *emmagasinées* peut donc dépendre non seulement de la fréquence des impressions reçues, mais encore de l'importance familiale et sociale des personnes de qui l'enfant les reçoit. Un enfant distingue de très bonne heure sa mère d'une bonne. Le nôtre a entendu plus souvent sa mère que sa bonne. Mais je crois que le même résultat se produirait avec une fréquence d'impressions inverse, au moins jusqu'à une certaine limite. C'est ce qui peut expliquer que souvent un enfant français confié à une bonne allemande, même vivant plus avec sa bonne qu'avec ses parents, n'arrive pas à parler allemand d'une façon satisfaisante, si les parents ne parlent pas eux-mêmes cette langue, et quand même la bonne ne parlerait jamais français : dans cette situation, la langue étrangère apparaît à l'enfant comme socialement inférieure et peut soit être abandonnée très tôt, soit n'avoir jamais été vraiment adoptée ; cf. § 60.

Positions respectives des deux langues à différentes époques

§ 3. – Pendant la première année de sa vie Louis a entendu beaucoup plus d'allemand que de français. Voici quelques détails sur son entourage immédiat outre ses parents : premier mois et première moitié du deuxième, allemand sa grand-mère, français une garde ; aux deuxième et troisième mois, cinq semaines à la campagne, français six personnes de ma famille, allemand une bonne ; ensuite, allemand deux bonnes constamment et, de plus, deux semaines environ au cinquième mois, sa grand'mère et sa tante, et les onzième et douzième mois passés dans deux villégiatures en Allemagne (Forêt-Noire, hôtels avec clientèle et personnel allemands). En somme, sauf pendant les trois premières semaines (la garde qui avait assisté le médecin accoucheur), j'ai été la seule personne parlant français dans l'entourage immédiat.

Ces circonstances n'ont pas nui à la correction de l'articulation française. Mais le vocabulaire allemand s'est trouvé naturellement beaucoup plus riche que le vocabulaire français, et cela d'autant plus que c'est en allemand qu'ont été donnés et répétés les mots les plus importants pour un enfant, ceux qui concernent les repas, la toilette, etc... Au 20ᵉ mois Louis a encore quelques mots allemands dans une phrase française à moi adressée. Je réponds toujours : « Oui, tu veux dire (ici l'équivalent français) », ou par une formule analogue. Sa mère et *Fräulein* ne font pas toujours exactement la réciproque, mais cela n'a pas grande importance, les mots français dans une phrase allemande constituant un fait extrêmement rare. Vers cette époque Louis se rend nettement compte qu'il s'exprime en français moins facilement qu'en allemand.

Au 22e mois nous passons trois semaines (avec la cuisinière allemande fonctionnant comme bonne d'enfant pendant une absence de *Fräulein*) à la campagne chez des parents : le père, la mère, quatre enfants et trois domestiques de sexe féminin, tous parlant exclusivement français, s'occupent beaucoup de Louis. Il se produit en lui un travail d'incubation. Rentré à la maison au 23e mois, il raconte ses petites histoires plus volontiers en allemand qu'en français et ne répète pas volontiers des mots français nouveaux ; il commence vers la fin du mois à répéter plus volontiers.

§ 4. – Le 26e mois est décisif. Nous passons cinq semaines à la campagne chez d'autres parents : allemand la mère et la bonne, français moi, sept personnes de ma famille, un valet de chambre et cocher, une cuisinière et une femme de chambre, tous s'occupant beaucoup de Louis. Les deux langues arrivent à peu près à égalité.

Au 27e mois nous rentrons à la maison : *Fräulein* et cuisinière allemande ; au 28e la cuisinière devient bonne d'enfant et nous avons une cuisinière française ; au 30e bonne française également. Vers le 33e mois, la situation du français monte : les mots français sont fréquents dans une phrase allemande, et la mère ne rectifie pas toujours ; inverse très rare, sauf pour les noms propres ; les monologues de l'enfant sont en français.

Louis passe un mois (2e moitié du 34e et 1ere du 35e) à Paris, avec sa mère et sa bonne (française), chez sa grand'mère. Il voit souvent mes parents de langue française, mais, sauf la bonne, son entourage immédiat et à peu près constant est surtout allemand (mère, grand'mère et tante). Ses monologues sont en français, et son allemand progresse peu. On ne rectifie pas toujours quand il emploie en parlant allemand des tournures ou des mots français ; il arrive même qu'on lui parle français, par exemple pendant que la bonne l'habille, parce que cela simplifie les indications à donner tant à lui, qui comprend les deux langues, qu'à la bonne, qui ne connaît que le français.

§ 5. – L'égalité paraît se rétablir vers le 43e mois, pendant un séjour (deux mois environ) de ma belle-mère et de ma belle-sœur chez nous. Au 45e une bonne badoise remplace la bonne française qui nous quitte pour se marier. Depuis, Louis voit très fréquemment *Addi*, petite fille de huit mois plus jeune que lui, et ses parents, des amis à nous, père français, mère allemande ; le père et la mère parlent ensemble allemand à moins de présence d'un tiers qui ne sache pas l'allemand ; ils parlent presque toujours allemand à leur fille et à notre fils ; les enfants entre eux (ils se connaissent depuis Noël 1910 environ) ont commencé par parler français, puis ils ont employé les deux langues, et bientôt de préférence l'allemand, spécialement dans leurs promenades, *zum Spass*[63], pour étonner les passants, ainsi en chantant à l'unisson *O Tannebaum* ! Depuis le 46ᵉ mois ils ne parlent guère français ensemble qu'en présence d'un autre enfant qui ne sait pas l'allemand.

La position de l'allemand est donc très forte, mais la position du français demeure très forte également : c'est la langue de papa, qui sait beaucoup de jolies histoires, qui aime bien se promener avec son fils, qui lui a appris à distinguer les bonnes espèces de champignons, qui sait réparer les jouets cassés, recoller les feuillets déchirés des livres d'images, etc... etc... ; d'autre part Louis n'est plus un tout petit enfant, il commence à se mêler un peu à la conversation des grandes personnes, il se rend compte de l'importance du français, seul parlé par tous les gens qu'il connaît sauf sa mère, sa grand'mère, sa tante, son père et quelques amis. Ses monologues se font dans l'une ou l'autre langue, suivant le sujet qui les inspire et les personnes qui peuvent les entendre. Ils sont, je crois, plus souvent allemands que français, parce qu'ils ont lieu en général en présence de sa mère ou de sa bonne, ou des deux ensemble, et à l'occasion de choses dites ou faites par elles. Mais c'est toujours en français qu'il s'adresse à un *Charles* imaginaire, parce que les garçons qu'il connaît et sur le type desquels il a créé son *Charles* vers le 52ᵉ mois parlent tous français, et non allemand.

---

[63] Pour le plaisir, pour s'amuser (*note J. Ronjat*).

I
ACQUISITION DE DEUX SYSTEMES ARTICULATOIRES DISTINCTS

§ 6. – Les débuts du langage articulé conscient remontent pour Louis au 8ᵉ mois suivant sa mère : elle croit qu'alors en disant [mə'ma] il veut l'appeler. J'ai constaté qu'au 11ᵉ il comprend des appels comme *Horch !* (il se tient immobile et écoute), *Plumm Sack !* (il s'assied brusquement sur un coussin). Vers la fin de ce mois, quand on lui demande *Wo ist Papa ?* il me montre ; quand on lui dit *Sag mal Ticktack*, il répète ['i 'a] ; quand la pendule sonne, il la regarde et chante :

Lent

i   a

Ce chant devient au 13ᵉ mois un mot [i'a] prononcé sans arrêt du souffle et sans intervalle musical régulier, avec les deux voyelles d'intensité à peu près égale ; au commencement du 14ᵉ Louis dit [ti'ta] pour désigner une pendule ou une montre ou pour signaler le fonctionnement d'une sonnerie électrique. Au commencement du 12ᵉ mois il dit [pa'pa] ; il se livre à des exercices articulatoires très variés et fait les plus grands efforts pour parler ; à la fin de ce mois il dispose déjà d'un vocabulaire allemand assez étendu ; un vocabulaire français de quelque importance n'est guère acquis qu'au 15ᵉ mois.

§ 7. – Le détail de ces débuts ne présenterait aucun intérêt particulier ; les faits relatifs aux premiers mots ou groupes de mots prononcés par les adultes que l'enfant comprend, ou plutôt aux réactions de l'enfant en entendant ces mots ou groupes de mots, et aux premiers mots que lui-même articule en y attachant un sens, concordent pour l'essentiel avec ceux qui sont relevés dans Stern, p. 17-19, 83, 86, 157. Le trait important à noter est que dès l'origine les deux systèmes d'articulation ont été distincts. Cela peut au premier abord ne pas sembler évident, le vocabulaire français des premiers débuts étant trop pauvre pour se prêter à une comparaison étendue. Mais ce qui importe ici, ce n'est pas le nombre des faits constatés, c'est leur qualité, leur signification.

L'enfant n'acquiert pas les phonèmes isolément ; il les acquiert groupés dans les mots qu'il répète : la phonétique s'acquiert indirectement en acquérant le vocabulaire. Or, sous réserve de l'extension respective de ses vocabulaires allemand et français, Louis répète indifféremment un mot allemand ou un mot français, soit tel qu'il l'a entendu, soit altéré (quand le mot donné contient des phonèmes qu'il ne sait pas reproduire exactement) ; mais dans ce dernier cas l'altération est un phénomène intérieur à chaque langue, qui peut être dans une large mesure, comme on le verra aux §§ 13-16, 25, 26, commun aux deux langues en ce sens qu'il affecte simultanément des phonèmes semblables en tout ou partie dans les deux langues ; ce n'est point une altération par transport d'habitude articulatoire d'une langue dans une autre comme par exemple quand un Allemand qui apprend le français confond des consonnes sourdes et des consonnes sonores, ou quand un Français qui apprend l'allemand accentue des mots à faux.

La prononciation de Louis est dans les deux langues celle d'un enfant indigène, et je n'ai jamais relevé un échange de phonèmes de langue à langue qui soit authentique et durable. Je vais maintenant examiner certains faits qui pourraient au premier abord sembler des emprunts phonétiques ; cela me permettra de préciser davantage le résultat de mes observations.

§ 8. – Que *papa*, un des premiers mots acquis par Louis, ait été fréquemment articulé dans les débuts avec des sourdes douces même en s'adressant à moi, cela n'a rien qui doive étonner : ce mot, donné surtout en allemand, a été prononcé tel quel, comme un nom propre. Mais *pain* a toujours été prononcé avec *p* français, d'abord ['pa], puis au 20ᵉ mois [pɛ̃], et d'une manière générale je n'ai ni dans mes notes ni dans ma mémoire trace de sourdes douces substituées, sauf pendant le temps d'essai dont il sera question plus loin, à des sourdes ou à des sonores dans des mots exclusivement français

Depuis le 14ᵉ mois *papa* est presque toujours articulé, tant en allemand qu'en français, avec des sourdes fortes non aspirées, ou munies d'une aspiration tellement faible que mon oreille ne la perçoit pas. Je ne saisis une aspiration dans les occlusives allemandes qu'à partir du 21ᵉ mois ; je crois pouvoir affirmer qu'au moins beaucoup d'enfants allemands monoglottes dont les parents ont des sourdes aspirées n'émettent d'aspiration nettement perceptible à l'oreille qu'assez longtemps après les débuts du langage articulé conscient ; en tout cas une influence français paraîtra tout à fait invraisemblable à quiconque voudra se rappeler la situation respective des deux langues (§ 3).

Depuis le 21ᵉ mois *papa* est en général articulé idiomatiquement dans les deux langues. Cependant au 29ᵉ j'entends encore parfois deux *p* aspirés dans ce mot en phrase français, et au moins à la fin de la deuxième année et au commencement de la troisième les mots récemment acquis ont parfois pendant un certain **temps d'essai** des aspirées au lieu de sourdes non aspirées ou des sourdes douces au lieu de sourdes ou de sonores en français, des sourdes non aspirées au lieu de sourdes aspirées en allemand (ce dernier fait est très rare). Je répète que *papa* et généralement les noms propres ou les mots qui ont à peu près la même physionomie dans les deux langues constituent un cas à part. Pour les mots exclusivement français ou exclusivement allemand, le temps d'essai ne dépasse pas quelques semaines au plus. Louis a deux **jeux d'articulation**. Un mot nouveau peut donner lieu à une hésitation momentanée, être d'abord prononcé alternativement avec l'un ou l'autre des systèmes articulatoires ; ceci ne s'applique d'ailleurs, d'après mes notes et mes souvenirs, qu'aux qualités différentes des occlusives, trait phonétique à la fois essentiel et délicat. Au bout de quelque temps, quand l'emploi réitéré du mot a bien déterminé s'il va dans le casier *maman* ou dans le casier *papa*, l'articulation est fixée, le mot a pris place dans le casier voulu et n'en sort plus.

§ 9. – Les polysyllabes[64] français sont répétés avec un accent d'**intensité** correct sur la syllabe finale. L'allemand a dès les débuts des dissyllabes oxytons[65] et paroxytons, exemple [pa'pa], *danke* > ['daŋə], *Soldaten* > ['daṭe]. Un peu plus tard (je n'ai pas d'exemple, avant le 15ᵉ mois) entrent dans le vocabulaire des composés à second terme lourd (voyelle longue et fermée, ou diphtongue, ou voyelle brève et ouverte suivie de plusieurs consonnes, dans la prononciation donnée). Ils sont répétés avec intensité au second terme ; si le premier est poly-syllabique, il peut recevoir un accent secondaire. Je crois pouvoir affirmer que le même phénomène se présente chez des enfants allemands monoglottes. Au 16ᵉ mois je note [am'bam] < *Armband* (le *coulant* ou rond de serviette dont Louis se fait un bracelet) à côté de ['tate] < *Tasche*, ['pubə^r] > *Puder*, etc... *Armband* devient ensuite [a'bant] (voir § 19 *ad finem*), et j'entends encore cette accentuation au 22ᵉ mois, mais à la fin du 20ᵉ il y avait déjà ['ajtə‚ban] < *Eisenbahn* (précédemment [‚aiṭə'ban]) à côté de [ape'baj] < *Apfelbrei* et de [hin'den] < *hingehen* ; j'entends encore au 24ᵉ mois [an'sen] < *ansehen* et au 30ᵉ [‚apfe'braj].

§ 10. – Je prononce *pot, gigot, Pierrot,* etc... avec o moyen ou même ouvert. Au 24ᵉ mois je note [ea'ɔ] < *escargot*. Mais depuis le 40ᵉ mois les mots de ce type sont prononcés avec o fermé. Est-ce sous l'influence de l'allemand, qui n'a pas d'*o* ouverts toniques en finale absolue ? Je ne saurais le croire : les exemples de mots usités sont peu nombreux (*wo, froh, so*), et ne présentent pas de polysyllabes ; d'autre part nous sommes à une époque où la conscience du bilin-guisme devient de plus en plus nette, ce n'est pas le moment d'un emprunt phonétique de langue à langue, puisque ce phénomène n'existait pas même dans les débuts, avant l'éveil de la conscience linguistique. Mais tous ces mots sont rarement employés, sauf *Pierrot*, nom d'un petit camarade : or *Pierrot* a été donné à Louis [pje'ro] par Pierrot lui-même, par son père, qui est Parisien, et par la mère d'Addi, qui est Allemande et prononce un o fermé soit par habitude articulatoire nationale soit parce qu'elle reproduit la prononciation de Pierrot et de son père ; d'autre part sont très fréquemment employés *beau, veau, seau, chevaux, couteau, ciseaux, c'est beau, tête de veau* et autres mots ou groupes en [-o]. Il s'agit donc d'un phénomène intérieur d'analogie.

---

[64] Mots composés de plusieurs syllabes.
[65] Mot dont l'accent tonique est placé sur la dernière syllabe.

§ 11. – En résumé, on ne peut relever **aucun fait** authentique et durable (stable) **d'influence phonétique** d'une langue sur l'autre. Celui par lequel je vais terminer me paraît authentique, mais n'est pas durable (stable).

A partir de la fin de la 2ᵉ année je remarque de temps en temps, d'abord assez souvent, puis de plus en plus rarement, et encore au 53ᵉ mois, mais alors à l'état tout à fait sporadique, une prononciation fermée de français [ɛ, œ] suivis de r dans la même syllabe tonique, exemple [ver, fjør] < *vert, fleur*. Je ne crois pas à l'influence du français teinté de franco- provençal : les gens du peuple dans notre pays n'ont pas [-'er, -'ør] mais seulement [ø] + r ouvrant une syllabe posttonique dans *heure* prononcé ['ørə] et peut-être encore dans quelques mots de structure analogue ; Louis n'adopte pas en général les prononciations rustiques (voir § 2) ; il n'a du reste pas eu occasion d'entendre celle-ci quand il a commencé à dire [ver, fjør]. L'influence allemande ne me semble pas douteuse : [e, ø] + r suivie ou non d'une autre consonne sont fréquents dans des mots que Louis entend et dit couramment, *mehr, sehr, Gewehr, kehrt, fährt, Pferd, hör, stört, gehört*, etc…

II
DEVELOPPEMENT PHONETIQUE PARALLELE ET TENDANCES PHONETIQUES GENERALES SE MANIFESTANT DANS LES DEUX LANGUES

§ 12. – Des **phonèmes** étant **acquis** ou **perdus** dans un système articulatoire, les phonèmes identiques ou correspondants de l'autre système sont sensiblement en même temps acquis ou perdus. Même **parallélisme** dans les **substitutions** de phonèmes.

Au début, *e* tonique en finale absolue était toujours ouvert, exemple allemand *Tee* > [tɛː]. Au commencement du 16ᵉ mois j'entends français [ne] < *nez*, et quinze jours après allemand [teː] < *Tee* ; il est probable que la transformation de l'*e* de ce dernier mot est antérieure, mais je n'ai pas eu occasion de la constater plus tôt ; dans les deux mots l'*e* est fermé ; il est bref dans le mot français, long dans le mot allemand.

Les occlusives vélopalatales, possédées au début dans les deux langues, ont été perdues dans les deux langues vers le 15ᵉ mois (voir au début du § 25).

Désormais français [k, g], allemand [k, ʞ, g] sont remplacés par français [t, d], allemand [t, ʈ, d], exemple français sucre > [yt], allemand *kühl* > [tyt] ; les exemples qui ne mettent pas en jeu des faits d'assimilation (§ 13) sont rares. Mais au bout de plusieurs mois Louis n'est plus satisfait par cette approximation. Sentant que les phonèmes répétés ne sont pas semblables aux phonèmes donnés, et ne réussissant pas d'autre part à produire ceux-ci, il les supprime purement et simplement à l'initiale, et en corps de mot il marque par un bref arrêt du souffle la place que ces phonèmes occupent dans les mots qu'il entend. Cette modification s'accomplit au 24ᵉ mois et affecte simultanément les deux langues : je note au 24ᵉ allemand *Kuh* > [uː], français *quai* > [e], et de même pour les occlusives données combinées avec *r*, *l*, allemand *gross* > [oːt], français *clef* > [e] au 28ᵉ allemand et français [aˈfe] « café », allemand *kalt*, *Packet* > [ajt, paˈʔet], français *cave*, *baguette* > [av, baˈʔɛt]. Au 40ᵉ mois seulement est obtenue la série vélopalatale, à peu près simultanément dans les deux langues. Voir §§ 26, 27.

De même *l* est dans les deux langues répétée [j] ou un phonème intermédiaire, le même dans les deux langues : au 30ᵉ mois allemand [baj] < *Ball*, [jɔˈjo] < *Lolo* (hypocoristique[66] de *Louis*), français [ja] < *là*. Au 24ᵉ mois allemand [tiʃ] < *Tisch* comme français [vaʃ] < *vache* (3ᵉ semaine), allemand [anˈsen] < *ansehen* comme français [aˈse] < *cassé* (4ᵉ semaine).

Semblablement, si des **groupes** de consonnes sont **simplifiés**, ils le sont de la même façon dans les deux langues. Ainsi au 16ᵉ mois *-rm-* dans allemand *Armband* est simplifié comme *-rt-* dans français *porte* : [amˈbam, ˈpop].

---

[66] Variante affectueuse employée notamment dans le langage enfantin.

Assimilations

§ 13. – Ces deux derniers exemples mettent d'autre part en jeu des faits d'**assimilation** qui sont les mêmes dans les deux langues.

Dès les débuts j'avais remarqué une tendance à assimiler à la consonne initiale de la syllabe tonique d'un mot la consonne finale de cette même syllabe ou la consonne initiale d'une syllabe posttonique : allemand *danke* est d'abord ['daŋə] (13e mois), lequel alterne au 14e mois avec ['daŋ 'ke] prononcé comme deux mots séparés, puis devient peu après ['danə], où l'ancienne nasale vélaire est remplacée par sa correspondante dentale (assimilation au *d* initial) ; à la fin du 13e mois allemand [bam] et [bam'bam] « chemin de fer, train, locomotive » < *Bahn* ; je n'ai pas d'exemple français pour ces débuts, parce qu'alors le vocabulaire allemand a seul quelque étendue. Cette tendance se manifeste très fréquemment chez les enfants. Chez Louis elle se cristallise pendant à peu près tout le 15e mois en une véritable loi phonétique à laquelle aucun mot n'échappe. Il est probable que cette cristallisation existait déjà auparavant, mais l'indigence du vocabulaire ne permettait pas de constater des exemples un peu nombreux, et l'enfant ne répétait pas assez volontiers des mots nouveaux pour qu'une expérience probante pût être entreprise. Mais au 15e mois j'ai pu donner en français et faire donner en allemand une série de mots qui permet d'établir les formules suivantes :

Occlusive ou nasale explosive en syllabe tonique assimile consonne implosive en syllabe tonique ou consonne en position quelconque dans une syllabe atone. En syllabe posttonique Louis ne sait pas produire d'autre implosive qu'une *r* non vibrée qui est une sorte de résonance vocalique prolongeant un [ə] posttonique ; ce phonème très effacé et de nature à peine consonantique reste tel quel. En syllabe prétonique je n'ai pas d'exemple de consonne implosive autre que *Armband* > [am'bam], où *-m-* < *-rm-* est déjà de même organe que le *b* explosif de la syllabe tonique.

Le phonème induit prend le point d'articulation du phonème inducteur, mais garde son mode d'articulation propre. Ainsi une nasale labiale induite par une occlusive dentale devient nasale dentale, *m* x *d* = *n*, exemple français *dame* > [ˌdam > dan], une occlusive dentale sonore induite par une occlusive labiale sourde devient occlusive labiale sonore, *d* x *p* = *b*, exemple allemand *Puder* > [ˌ'pudə^r]> ['pubə^r].

Voici maintenant des exemples, dans lesquels je note par ˌ les phases dépourvues de durée[67], par ? les substituts problématiques de phonèmes donnés que l'enfant n'est pas encore parvenu à répéter.

---

[67] Grammont, p. 66 : « Aucune des phases intermédiaires que nous supposons n'a jamais été prononcée ». Ainsi *patte*, *Brot*, etc… ont été répétés immédiatement [pap, bɔp], etc… « Mais nous avons cru qu'il était bon d'analyser en nous appuyant sur l'ensemble de la prononciation de notre sujet » pour que la juxtaposition du mot donné et du mot répété ne semble pas une énigme, spécialement dans les cas délicats. « Il y a de même dans

En syllabe tonique.
Occlusives inductrices : français *patte* > [*pat > pap], *porte* > [*pɔt > pɔp],
botte > [*bɔt > bɔp], allemand *kaput* > [*ʔa'put > pa'put], *Bad* > [*bat > bap],
Brot > [*bɔt > bɔp], français *tape* > [*tap > tat], allemand *Topf* > [*tɔp > tɔt],
français *panne* [*pan > pam], allemand *Armband* > [*am'ban > am'bam],
français *dame* > [*dam > dan], allemand *Spatz* > [*pa? > pap], *Buch* > [*bu? >
bup], français *utile* > [*y'ti? > y'tit], *tache* > [*ta? > tat].
Nasale inductrice : allemand *Mann* > [*man > mam].

En syllabe posttonique : allemand *Puder* > [*'pudə^r]> ['pubə^r], *Tasche* >
[* 'ta?e > 'tate] ; pour *danke* voir §§ 16, 43.

En syllabe prétonique : allemand *kaput* > [*ʔa'put > pa'pup] ; français *gâteau*
> [*ʔa'tɛ > ta'tɛ] : le *t-* initial, sourd, et non *d-* sonore comme était sonore le *g-*
donné, doit provenir du sentiment de redoublement, cf. [ba'bɔp] au § 18.

§ 14. – M. Wundt[68] dit que l'assimilation progressive domine chez les enfants
(tome I, p. 301, 302). Je n'ai aucune raison de révoquer cette assertion en doute,
mais c'est un simple énoncé de fait, sans explication. Je ne crois pas qu'il
s'agisse d'une tendance générale à faire induire la fin d'un mot par le commencement : la tendance inverse paraît bien plus naturelle, la pensée allant plus
vite que la parole.
« Dans la prononciation des séries phonétiques (mots, phrases) il y a
nécessairement (...) une succession de mouvements articulatoires, mais pour le
sujet parlant, au moment où il commence un mot ou une phrase, l'ensemble
existe déjà dans l'esprit à l'état conscient comme une représentation d'ensemble
du son et du sens : il y a en même temps l'aperception du son et du sens dans un
acte simultané et unique » (Brugmann[69], p. 40-42).

---

l'évolution des langues historiquement attestées quantité de phases intermédiaires que
nous sommes obligés de supposer pour l'explication des produits et qui évidemment n'ont
jamais eu d'existence réelle. Nous les avons appelées autrefois *phases dépourvues de
durée* (*Mémoires de la Société de Linguistique de Paris*, t. X, p. 171) ». Cf. § 17 (*note
J. Ronjat).*

[68] Wilhelm Wundt, *Die Sprache*, Leipzig, Wilhelm Engelmann, 1900, 2 volumes de
l'ouvrage intitulé *Völkerpsychologie, eine Untersuchung der Entwicklungsgesetze von
Sprache, Mythus und Sitte.* W. Maximilian Wundt (1832-1920) fonde en 1879 le premier
laboratoire de psychologie expérimentale où Durkheim et Sapir entre autres iront étudier.

[69] Karl Brugmann, *Abrégé de grammaire comparée des langues indo-européennes*, Paris,
Klincksieck, 1905 (traduction française de la *Kurze vergleichende Grammatik der
indogermanischen Sprachen).* Karl Brugmann (1849-1919) est l'un des plus importants
linguistes de l'école allemande des « néogrammairiens ». Ce mouvement oppose à la
vision de langues conçues comme des entités en constante évolution organique l'idée que
la langue est un système dessiné par des lois sociohistoriques, observable par ses

« L'attention est en avance sur les organes vocaux. Tous les phonèmes ont été préparés par l'esprit avant d'être prononcés, mais pendant que les organes vocaux expriment le commencement d'un mot l'attention est déjà portée sur la fin » (Grammont[70], p. 184). De là vient par exemple que « de deux phonèmes intervocaliques c'est le premier qui est dissimilé : .... italien : *veleno* < latin : *uenenum*, moyen haut allemand : *enelende* < vieux haut allemand : *elilendi*... » (ibid., p. 79-86, avec nombre d'autres exemple dans diverses langues indo-européennes).

Si l'assimilation enfantine est en général progressive, c'est, je crois, par application de la loi qui domine l'assimilation comme la dissimilation, la loi du plus fort, suivant la frappante expression de M. Grammont (*Dissimilations*, p. 186). Spécialement, si chez Louis elle est progressive dans les monosyllabes tels que [*tap > tat] c'est que l'explosive est plus forte que l'implosive : il y a là une tendance générale (humaine), qui se manifeste par la débilité des consonnes finales dans des langues aussi différentes que le latin, l'anglais et l'annamite, où les explosives initiales de mot peuvent se maintenir avec leurs trois phases bien nettes de tension, tenue et détente (pour les occlusives, implosion, occlusion et explosion), tandis que les implosives finales de mot peuvent se réduire plus ou moins à la première phase, tension (pour les occlusives, implosion[71]).

M. Meringer[72] a observé que l'explosive est mieux répétée par l'enfant que l'implosive, laquelle peut être purement et simplement laissée de côté (p. 215, 216). Chez Louis l'assimilation est au contraire régressive dans les polysyllabes oxytons, exemple *kaput* > [*?a'put > pa'pup] et (§ 18) *Jakob* > [ba'bɔp, wa'bɔp], tandis qu'elle est progressive dans les paroxytons, exemple *Puder* > [*'pudə'] > ['pubə'] : l'explosive de la syllabe tonique (*p* dans *kaput*, *Puder*) est plus forte que l'explosive de la syllabe prétonique (*k* dans *kaput*) ou posttonique (*d* dans *Puder*) ; dans *kaput*, *p* explosif en syllabe tonique assimile régressivement *k*

---

idiolectes. Dans ce cadre, la phonétique répond à des lois indépendantes de la syntaxe ou de la sémantique, ce que critiquera Saussure.

[70] M. Grammont, *La Dissimilation consonantique dans les langues indo-européennes et dans les langues romanes*, Dijon, imprimerie Darantiere, 1895.

[71] Réduction du latin *-m*, *-s* dès l'époque républicaine, tandis que *m-*, *s-* persistent jusque dans les langues romanes. Prononciation de *b-* comparée à celle de *c-* dans un mot anglais tel que *cab*. « Les consonnes finales sont en annamite uniquement implosives les consonnes initiales sont caractérisées par la netteté et la dureté de l'attaque et par la tension extrême des muscles pendant toute leur durée » (Grammont, *Bulletin de la Société de Linguistique* tome XVIII, p. CXLIX) (*note J. Ronjat*).

[72] Rudolf Meringer, *Aus dem Leben der Sprache*, Berlin, B. Behr, 1908. Rudolf Meringer (1859-1931) linguiste indo-autrichien, étudie avec le linguiste allemande Karl Mayer les *lapsus linguae* (1895), changements involontaires de mots dans le discours pouvant être dus à une confusion de mots, une substitution d'un mot par un autre, une interversion entre deux mots, un empiètement sur le mot qui précède ou une prolongation du mot par des syllabes subséquentes donnant à travers une approche linguistique, et selon le mot de Freud, « aux différents sons du langage une valeur psychique distincte ».

explosif en syllabe prétonique et progressivement *t* implosif en syllabe tonique. Cf. encore l'observation de M. Grammont sur certaines formules de dissimilation : si les formules en question « sont toujours régressives, ce n'est pas par nature, mais grâce au hasard de la position respective des phonèmes dissimilant et dissimilé » (*Dissimilations*, § 21). Exemple nombreux d'assimilations dans Stern, p. 291-296, mais mal expliqués, et en confondant parfois assimilation et analogie.

§ 15. – Quand un peu plus tard Louis parvient à articuler un groupe implosif nasale + occlusive, le groupe tout entier est assimilé : entendant *Armband* [-bant], il complète en [am'bamp] son ancien [am'bam] et, fier de ce perfectionnement, il fait retentir le *p* final avec une explosion formidable ; mais par contre il dissimile presque immédiatement l'implosive en syllabe atone *m* par le groupe *mp* implosif en syllabe tonique (*Dissimilations*, I) : [a'bamp].

Outre ses occlusives et ses nasales Louis possède les consonnes [v, w, j, h].

Par sa nature nettement consonantique, [v] semble *a priori* propre à jouer le rôle d'inducteur. Mais son articulation est moins ferme que celle des occlusives ou des nasales (qui dans un certain sens sont également des occlusives, leur articulation comportant une fermeture complète du canal buccal). Aussi, quand je dis *vite*, au commencement du 15e mois, Louis ne veut pas répéter ce mot, probablement parce qu'il lui vient en même temps sur les lèvres deux formes entre lesquelles il ne sait pas choisir, [*vit] reproduction pure et simple du mot entendu et [*vip] assimilé. Ce n'est que vers la fin du mois qu'il se décide à dire allemand ['vabe < *'va?e] < *Wagen*, au mois suivant ['vam < *'van] < *wann* (voir § 19).

Il ne faut pas abuser de l'attention des enfants en prolongeant ou en multipliant outre mesure des expériences auxquelles ils finissent par ne plus vouloir se prêter. M. Grammont recommande avec raison de ne donner en principe qu'un mot à la fois et d'attendre que ce mot soit digéré pour en donner d'autres (p. 63). Il résulte de cela qu'on doit souvent se contenter de résultats incomplets : quand un mot est bien digéré et qu'on voudrait en donner un nouveau, il peut arriver que la loi phonétique dont on recherche l'action se soit évanouie dans l'intervalle ; cf. [kɔ'tyk], etc..., au § 17.

C'est ainsi que je n'ai pas donné français *ouate*, *ouest*, etc…, donné français *yeuse* ou fait donner allemand *Jagd*, *jung*, etc…, ou des combinaisons créées de toutes pièces pour mesurer la force inductive de [w] et de [y]. Je ne sais si *ouate*, *ouest* auraient été répétés sans assimilation [*wat, *wɛt] ou avec assimilation [*wap, *wɛp] ; pour les mots en [j-] l'assimilation paraît à première vue impossible, Louis ne possédant à l'époque considérée ni occlusive ni nasales articulées dans la région de [j]. D'une manière générale, [w] et [j] semblent trop près des voyelles par toutes les conditions de leur articulation pour entrer avec un rôle actif dans un jeu d'assimilations consonantiques. Pour [j] induit, voir § 18.

Pour *h* j'ai allemand *heiss* [hajʃ] > [hajt]. Pourquoi pas [*hajh] ? parce que *h* n'a pas une force inductive suffisante : pourquoi pas [*tajt] ? parce que *h* et *t* ont trop peu de points communs pour pouvoir réagir l'un sur l'autre : *t* est une occlusive à l'articulation nette et ferme ; *h* est un souffle sourd très ouvert, avec point d'articulation mal déterminé, c'est à peine une consonne.

§ 16. – Français [k, g], allemand [k, ḵ, g] ont été perdus vers le 15e mois et remplacés par français [t, d], allemand [t, ṯ, d]. Cependant il en a subsisté un souvenir plus ou moins effacé : au commencement du 16e mois j'entends encore français [ᵍi'ja] (voir § 25). Au commencement du 13e mois allemand *danke* est encore quelquefois ['danə] (voir au début du § 13), mais bientôt s'établit une forme définitive ['dante] ; le mot *danke* est fréquemment donné et par conséquent exposé à de fréquentes réfections. A ce moment allemand -*e* ['-ə] est répété ['-e] ('-er ['-r̩] > ['-ə̄ʳ]) ; pour le reste du mot l'assimilation peut être hors de cause, ['dante] peut sortir directement de *danke* ['daŋkə] par substitution des dentales [n, t] aux vélaires [ŋ, k]. Il semble de même que ['tɛte] puisse remonter directement à *Kette*, ['tane] à *Kanne*, ['tyte] à *Küche* par [*ty?e], [tyt] à *kühl* par [*ty?]. Mais français *came* > [pam], et non [*tam > *tan] comme *dame* > [*dam > *dan]. Donc Louis sent qu'il ne répète pas exactement les occlusives vélopalatales en produisant des dentales. En entendant *came* il se représente [a] et *m*, phonèmes qu'il possède, et un phonème qu'il ne sait pas reproduire tel quel, mais où il sent une vive détente comparable à celle de *p* ou de *t* qu'il sait articuler. La tendance à assimiler domine son articulation. Son attention se détourne de ce [k] mystérieux dont il ne retient que le caractère de vive détente et s'attache à *m* qui devient inducteur, d'où **assimilation renversée**, un phonème substitué n'ayant pas la netteté, la force suffisante pour jouer le rôle d'inducteur agissant sur un phonème exactement répété : *nasale labiale implosive en syllabe tonique labialise occlusive à point d'articulation indéterminé explosive en syllabe tonique.* Aussi longue est l'explication, aussi rapide est le jeu des associations des représentations auditives et articulatoires : il ne s'écoule pas de temps appréciable entre l'émission de *came* par moi et l'émission de [pam] par Louis.

Le procès peut donc être schématisé *came* > [*?am > pam]. De même la meilleure interprétation du traitement de *danke* ['daŋkə] est, je crois, l'application des formules du §13, soit *dan*- ['daŋ-] > [*'da?- > dan-] comme plus haut français *dame* > [*dam > dan], '-*ke* > [*'-?e > '-te] comme plus haut '-*der* > [*'-də̄ʳ > '-bə̄ʳ] dans allemand *Puder* > [pu'bə̄ʳ] ; de même je vois dans le traitement de *Kette* et de *Kanne* une assimilation renversée d'explosive en syllabe tonique par explosive en syllabe atone, soit *Kette* > [*'?ete > 'tete], *Kanne* > [*'?ane > 'tane]. Pour *Küche* et *kühl* je n'ai pas d'opinion particulièrement probable, n'ayant pu noter quels phonèmes Louis substituait à [ç] intervocalique et à l finale ; je crois me souvenir qu'au 15e mois ces phonèmes ne se sont pas présentés en dehors de mots justiciables d'assimilation ; ce n'est qu'au 16ᵉ (voir § 25 *ad finem*) que j'ai noté allemand *Ball* > [baj].

Packet > [pa'pɛp]. La phase dépourvue de durée est [*pa'?ɛp], dont on attendrait [*ta'tɛt] avec assimilation renversée ['-?ɛt > '-tɛt] comme plus haut [*?am > pam] et extension à la syllabe prétonique comme au § 13 *in fine* pour allemand *kaput* et français *gâteau*. Je ne crois pas que le *p*- initial, explosif en syllabe atone, soit en principe plus fort que le -*t* final, implosif en syllabe tonique, mais deux facteurs peuvent avoir provoqué cette propagation de *p*- : le sentiment du redoublement (cf. le traitement de *gâteau*, § 13 *in fine*) ; l'analogie de structure avec le mot très usité [pa'pup] < *kaput* (cf. au § 69 *tabouret* > [tãbu'rɛ] sous l'influence de *tambour*).

Café > [*?a'pe] ; -*p*-, substitut de -*f*-, n'a pas assez de force inductive pour assimiler *?*-, et le mot ne devient pas [*pa'pe] comme *kaput*, où -*p*- est exactement répété, devient [pa'pup] ; *?*- tiraillé entre deux tendances contraires, substitution de [t] à [k] ou assimilation au *p* de la syllabe tonique, tombe purement et simplement, et le mot se fixe sous la forme [a'pe]. Cf. § 26 (24ᵉ mois).

§ 17. – Ces observations me semblent s'éclairer singulièrement par la comparaison avec celles que M. Grammont avait déjà faites sur la faiblesse particulière des substituts, spécialement en matière de phénomènes d'induction (assimilations et dissimilations), et sur la cause de cette faiblesse, le sentiment très net chez l'enfant qu'il ne répète pas exactement les phonèmes donnés : « [ku'pe] *souper* ». Du moment que l'enfant disait *t* pour *s*, on devait attendre [*tu'pe]. Un *t*, n'ayant pas le même point d'articulation qu'un *p*, ne peut pas être dissimilé par lui à ce point de vue ; la dissimilation n'agit que sur des éléments communs ». Le sujet dissimilerait l'un des deux *p* ou *t* dans un groupe tel que [*pu'pe] ou [*tu'pe] ; cf. plus loin *du sucre* > [kɔ'tyk]. « L'origine du [k] est donc à chercher ailleurs. Ce *t* que nous supposons, qui n'a jamais eu d'existence réelle[73] représente déjà, puisqu'il remplace un *s*, une première modification, qui l'a laissé faible et particulièrement apte à en subir une nouvelle. C'est pourquoi il est remplacé instantanément par un [k], c'est-à-dire par une occlusive susceptible de s'articuler dans la région du voile du palais comme la voyelle [u] qui doit suivre. C'est une sorte d'assimilation ou accommodation de la consonne avec la voyelle relativement au point d'articulation ». Ici [k] convient à la voyelle en contact ; *p* dans [pam] < *came* (§ 16) convient à la consonne inductrice -*m*. « Dans la forme [kɔ'tyk] il est fort probable que le changement de timbre de la première voyelle a d'une manière analogue favorisé la dissimilation de *t* – *t* en *k* – *t*. M. Meillet a montré (*Mémoires de la Société de Linguistique*, tome VIII, p. 287) que tout changement phonétique rend le phonème qui l'a subi

---

73 Aussi, avec les procédés graphiques que j'emploie ici, je schématiserais la filière ainsi : *souper* > ʃu'peʘ ku'pe] (*note J. Ronjat*).

particulièrement propre à subir des modifications ultérieures » (Grammont, p. 72).

Dans le langage de Robert *du sucre* devient [∗dy'tyk], puis par assimilation de *d* à *t* [∗ty'tyk] puis par dissimilation vocalique [∗tɔ'tyk], puis par dissimilation du premier *t* par le second et influence de la voyelle vélaire suivante [kɔ'tyk]. C'est le seul exemple qui se soit présenté ; les circonstances n'ont pas permis d'en produire d'autres, ces phénomènes d'assimilation et de dissimilation n'ayant eu qu'une durée très brève ; [tɛ'tɛ] « sein de nourrice » et [te'te] « chercher » sont restés intacts, à cause du sentiment de redoublement. « Certes, une forme [∗ty'tyk] ne pouvait manquer de donner lieu au sentiment du redoublement ; mais on ne doit pas oublier que ce [∗ty'tyk] n'est qu'une phase intermédiaire qui n'a jamais eu d'existence réelle, et dans laquelle les deux premières consonnes avaient déjà subi une modification. Car il ne faut pas croire que si l'enfant avait prononcé [∗ty'tyk] pour *du sucre* c'est qu'il aurait entendu [ty'tyk] : l'enfant entend exactement, autant qu'on peut s'en rendre compte, mais il y a des sons qu'il est incapable de reproduire tels quels. La preuve que ce sont les organes émetteurs de sons qui sont en défaut, beaucoup plus tôt que les organes récepteurs, l'oreille, nous est fournie par les divers substituts qui apparaissent parfois à la place d'un même son : ainsi l'on verra plus loin » (observations sur Geneviève) « [e'θina] à côté de [e'tina] pour *-éphine* » (dans le nom propre *Joséphine*) ; « ce sont évidemment là pour l'enfant deux approximations différentes, deux essais de reproduction d'un modèle qu'il n'atteint pas. Voilà pourquoi *tutu*, dont nous parlions tout à l'heure[74] et que la dissimilation vocalique aurait certainement transformé en [∗tɔ'ty], n'aurait probablement pas évolué jusqu'en [∗kɔ'ty], car ses deux *t*, faisant partie du modèle, étaient forts et résistants. Mais voilà aussi pourquoi *du sucre* ne pouvait pas s'arrêter à [∗ty'tyk] ni à [∗tɔ'tyk], mais devait, grâce à l'action dissimilante exercée par le second *t* sur le premier, passer directement à [kɔ'tyk] » (Grammont, p. 67, 68).

§ 18. – Un cas assez curieux est celui de *Jakob* (Louis aime beaucoup et réclame souvent les histoires du petit Jakob que raconte sa mère). Il me paraît bien illustrer la finesse d'oreille que j'ai prêtée à mon fils dans mon explication de *came* > [pam] (§ 16) et que M. Grammont attribue très justement d'une manière générale à tous les enfants bien constitués. Au 8ᵉ jour du 15ᵉ mois j'entends [ja'bɔp] et [ba'bɔp] ; cette dernière forme devient vite la seule employée. Voici comment je m'explique le procès. La syllabe *-kob* [-'kɔp] devient [∗-'pɔp] par assimilation renversée de [∗-'ʔɔp]. Le [j] initial est tantôt laissé tel quel, comme une sorte de voyelle ne prenant pas part au jeu des inductions consonantiques,

---

[74] P. 66 : M. Grammont se proposait de donner le mot *tutu* après digestion du groupe du sucre ; à ce moment il a été obligé de s'absenter quelque temps, et à son retour les phénomènes de dissimilation avaient cessé (*note J. Ronjat*).

[∗ja'pɔp], tantôt assimilé, d'où occlusive labiale comme *p* inducteur, sonore comme [j] induit, [∗ba'pɔp], dont une nouvelle assimilation due au sentiment du redoublement fait [ba'bɔp], sur lequel se modèle [∗ja'bɔp] ; cette assimilation ne s'étend pas au *p* final, parce que la prononciation allemande n'admet en fin de mot que des occlusives sourdes. Quand la prononciation [ba'bɔp] est établie, Louis, la comparant avec la prononciation de sa mère, [ja'kɔp], sent une discordance entre son occlusive initiale et la spirante de sa mère : il cherche dans la région d'articulation des consonnes qu'il émet pour ce mot quelque chose qui ait la fluidité de [j], et trouve [w] qui est en effet, de tous les phonèmes qu'il possède, le plus satisfaisant : à la fin du 16ᵉ mois j'entends [wa'bɔp]. Mais cette solution a dû être trouvée bien avant le moment où j'en constate l'adoption : en effet, comme on va le voir tout à l'heure, les assimilations de ce type cessent de se produire à partir du commencement du 16ᵉ mois. Du reste [wa'bɔp] n'a qu'une existence éphémère, étant bientôt supplanté par [ba'bɔp], forme adoptée par la mère comme particulièrement plaisante : [ba'bɔp] est désormais un mot du vocabulaire allemand et français de toute la famille, et désigne d'une part le petit Jakob de l'histoire, d'autre part les clowns de cirque et généralement tous les gens qui se signalent par des vêtements ou des gestes excentriques.

§ 19. – Le cerveau d'un enfant qui apprend à parler est comme un microcosme linguistique où en quelques semaines, parfois en quelques jours, peuvent se déterminer des évolutions dont l'équivalent chez une communauté linguistique, chez un peuple, a parfois demandé des siècles pour s'accomplir. Dès le commencement du 16ᵉ mois la comparaison constante entre les phonèmes émis et les phonèmes entendus amène l'ébranlement du système d'assimilations dont j'avais pu constater la cohésion pendant le mois précédent. Les trois premières semaines sont une période hésitante pendant laquelle les mots anciens sont tantôt maintenus, tantôt refaits, les mots nouveaux présentent tantôt des phonèmes assimilés, tantôt des phonèmes répétés tels qu'ils ont été donnés :

Mots anciens. A ['pɔp] < *porte* est substitué ['bɔ˚p] ; le fait qu'une résonance de nature mal déterminée ˚ s'insère entre la voyelle tonique et la consonne implosive a son importance : un groupe [-˚t < -rt] peut résister à l'assimilation plus que la consonne simple de la phase sans durée [∗pɔt] d'où sortait le [pɔp] antérieur. A l'ancien [pap] < *patte* fait maintenant concurrence [pat] allemand *Mann, Bett* ne sont plus répétés [mam, bep] mais [man, bet] allemand *Bad* > [bap] employé dans le sens de « baignoire » : le 15, voyant une baignoire, Louis dit [bap] ; le 16, entendant sa mère dire « der Kleine nimmt jetzt sein *Bad*[75] », il répète [baːt] au sens de « bain » ; on remarquera d'autre part la différence des voyelles.

Mots nouveaux. Allemand *wann* est assimilé, [vam] ; *Buch* >[buᵖ] et [buᵇ] ; *zahm* > [˚am] : le [t͡s] initial du mot allemand n'est pas traité comme le sera plus

---

Le petit va maintenant prendre son bain (*note J. Ronjat*).

tard le [t͡s] final de *Spatz*, l'enfant met à la place une résonance mal déterminée[?], qui n'est ni inductrice ni induite, de sorte qu'on n'a ni par exemple [*tam > *tan], ni par exemple [*?am < *pam] comme plus haut pour français *came* (§ 16). Français *poche* est encore assimilé, [pɔp], probablement parce que Louis ne dispose d'aucun phonème voisin de [ʃ] ; *bec* > [bet], avec [t] substitut de [k], et non [*bep] avec assimilation.

A partir du 20 les mots nouveaux ne subissent plus d'assimilation si leurs éléments précédemment inductibles sont des phonèmes que Louis possède : allemand *Mantel* > ['mante], et non [*'mampe] ; le mot *Spatz* donné seul est répété [pat], mais quand la mère demande « bist du unser süsser... ? » Louis complète la phrase en disant [pap], qui se maintient dans ce sens de « petit moineau chéri » d'autant mieux que la mère adopte cette forme et par exemple dit « mein süsser Papp » au moins aussi souvent que « mein süsser Spatz ». La plupart des mots anciens présentent les mêmes conditions phonétiques que les mots nouveaux sont refaits, exemple [a'bant] au lieu de l'ancien [a'bamp] < *Armband*. Mais l'induction peut continuer à affecter les mots contenant des phonèmes que Louis ne possède pas : postérieurement à la fin du 16ᵉ mois entrent dans le vocabulaire allemand [bɔp < *bɔ?] < *Bock*, ['vabe < *'va?e] < *Wagen*, ['vapə < *'va?ə] < *Wasser* [vaʂr], dont je constate encore l'usage au 18ᵉ mois et qui ont duré encore assez longtemps après ; vers la fin du 23ᵉ mois j'entends [a'put] < *kaput*, mais cette forme est bientôt abandonnée pour reprendre l'ancien [pa'pup](voir § 13 *in fine*), qui, adopté par la famille comme amusant, demeure seul en usage et subsiste encore deux ans environ, jusqu'à l'acquisition des occlusive vélopalatales qui permet la répétition exacte [ka'put] ; à la même époque [pa'pet] < *Packet* remplace l'ancien [pa'pɛp] (voir § 16 *in fine*) par rectification de la voyelle tonique et de la consonne finale, l'élément non possédé [k] restant rendu par le *p* qui provient de l'ancien [pa'pɛp].

§ 20. – Je suis entré dans quelques détails sur ces inductions parce que, malgré l'imperfection des exemples et l'incertitude de certaines conclusions fondées sur des exemples rares et un peu ambigus – on ne peut pas interroger un enfant à loisir et complètement, comme on fait une enquête linguistique sur des témoins adultes dont le langage est constant et la faculté d'attention étendue –, les faits notés me semblent illustrer d'une manière intéressante la constance des lois phonétiques et aussi l'extrême complexité et subtilité des conditions de leur fonctionnement, conditions dont l'analyse n'est possible que pour qui possède à fond la structure du langage qu'il veut étudier : tout linguiste reconnaît «l'impossibilité où l'on est de rien expliquer sans poser une doctrine qui embrasse tous les faits » (Meillet, p. 470). « Lorsqu'un changement phonétique est donné, il convient d'abord d'en analyser la nature physiologique, puis de déterminer la tendance qui l'a produit. Si la tendance en question est une tendance générale, il suffira de rapporter le phénomène aux possibilités fournies par l'expérience, les tendances générales du langage [humain] ayant été au préalable et une fois pour

toutes classées et cataloguées. Si au contraire il s'agit d'une tendance particulière [non humaine, spéciale à une langue déterminée], la tâche sera un peu
différente, mais aussi épineuse : elle exigera une connaissance minutieuse du
système articulatoire de la langue où le changement s'est produit et supposera en
outre que le linguiste a déterminé à l'avance l'évolution de ce même système et
s'est rendu capable, pour ainsi parler, d'en tracer la courbe. Il faudra en effet
rattacher le phénomène nouveau à l'ensemble des phénomènes attestés dans la
même langue. Mais le plus souvent les deux tâches précédentes devront se
combiner, car il n'y a presque pas de changement qui ne résulte de la rencontre
de deux ou plusieurs tendances, tantôt en accord, tantôt en conflit. Dans tous les
cas, la loi phonétique se trouvera, pour ainsi dire, élargie dans l'espace et dans le
temps ; elle devra embrasser la plus grande somme possible de matière et
contenir en elle-même des éclaircissements sur la nature et la cause des
phénomènes qu'elle a la prétention de formuler. Le linguiste s'habituera ainsi à
dégager les causes des phénomènes et à ramener toujours les faits particuliers
aux lois générales, ce qui doit être l'objet de toute science et la préoccupation de
tout savant » (conclusion des *Réflexions sur les lois phonétiques* de M.
Vendryes, dans *Mélanges Meillet*, p. 130-131[76]).

M. Grammont a pu déterminer les lois de la dissimilation et de l'assimilation
chez un de ses enfants avec une précision qui ne se rencontre pas ici au même
degré, d'abord sans doute parce qu'il est meilleur observateur que moi, puis
aussi parce que son attention, portant sur un enfant monoglotte, était moins
diversement sollicitée que la mienne. Il a relevé la constance parfaite, chez un
enfant donné à une époque donnée, des lois qui régissent la dissimilation et
l'assimilation comme de celles qui régissent la substitution des phonèmes
répétés aux phonèmes donnés. Dans tout son apprentissage de la parole l'enfant
« n'est pas le tireur maladroit qui frappe à l'aventure, c'est un bon tireur qui ne
dispose que d'une arme défectueuse ou mal pointée et qui touche toujours au
même endroit jusqu'à ce qu'il ait rectifié son tir » (p. 62).

On a déjà vu que le mien, de lui-même, cherche très fréquemment à rectifier
son tir et que souvent il y parvient assez heureusement. J'ai déjà noté que chez
lui comme chez beaucoup d'enfants précédemment observés il peut y avoir, et
parfois pendant un temps assez long, soit concurrence – généralement dans des
acceptions distinctes – de deux formes d'âge différent (exemple ['pap] et [pɑt],
[bap] et [bɑːt], § 19) ou mêmes simultanées (exemple [ja'bɔp] et [ba'bɔp] § 18),
soit persistance d'une forme de mot très usité après extinction de la loi
phonétique dont elle procédait (exemple ['vapə], § 19 *in fine*), soit triomphe, sur
une forme récente et plus conforme au modèle donné, d'une forme ancienne

---

[76] C'est dans ce texte que Vendryes revient sur le positivisme des néogrammairiens avec
cette formule : « Car il n'y a évidemment rien de commun entre les formules établies par
les linguistes et les lois impératives que découvrent les chimistes et les physiciens »,
retrouvant ainsi la définition que donne Humboldt pour qui la langue est une activité en
train de se faire (*energeia*) et non un ouvrage fait (*ergon*).

adoptée par l'entourage que l'enfant cherche toujours à imiter (exemple [ba'bɔp, pa'pup], §§ 18, 19 *in fine*, et cf. Meringer, p. 201, la petite Vika répétant d'abord son nom *Ditta*, puis prononçant correctement au 20ᵉ mois *Vika* pour reprendre ensuite son ancien *Ditta*) ; on trouvera d'autres exemples aux §§ 26 et 27. Tous les linguistes feront d'eux-mêmes le rapprochement avec l'existence, dans toutes les langues, de *couches* d'âge différent, mots populaires, mots mi-savants, mots savants, ou, plus généralement, d'éléments qui ne présentent pas le même développement phonétique.

M. Grammont (p. 70) avait déjà noté avec beaucoup de précision des faits analogues chez son fils Robert, spécialement dans la « période où l'enfant garde encore tous les mots dans lesquels il a fait des dissimilations nasales, mais n'en crée plus de nouvelles. Alors [pɛ'ti] apparaît concurremment avec [mɛ'ni] puis élimine peu à peu cette dernière forme en attendant d'être remplacé à son tour par [mɛ'ti] puis [mɛ'si] et en définitive *merci*. C'est à la même période qu'appartient [bu'le] « mouillé » ; un mois plutôt « mouillé » serait devenu [*mu'ɲe]. Pour les mots qui contiennent une consonne nasale et une consonne orale, il y a trois phases bien nettes : 1ᵉ la consonne orale s'assimile à la nasale, [mɛ'ni] « merci » ; 2ᵉ il s'établit une sorte de lutte entre la consonne orale et la nasale ; cette dernière n'est plus de force à s'assimiler sa rivale, elle succombe même à son tour et s'assimile à la consonne orale en perdant sa nasalité et à l'occasion sa sonorité, [pɛ'ti] « merci » ; 3ᵉ consonnes orales et nasales ont fait la paix et restent chacune dans leur domaine avec les qualités qui leur sont propres, [mɛ'ti] « merci ». La première phase a duré environ deux mois, la seconde ne s'est établie qu'après une lutte d'au moins huit jours avec la première, et au bout de trois semaines d'existence indépendante elle a cédé la place à la troisième, qui est le début de la prononciation correcte ».

Dissimilations

§ 21. – Dans toute l'activité linguistique de Louis je n'ai observé que deux cas de **dissimilation** : au 16ᵉ mois [a'bamp < am'bamp] (*Dissimilations*, I, voir au début du § 15) ; vers la fin de la quatrième année allemand *Banane* > [ba'nɑːdə] et français *banane* > [ba'nad] ; la forme française peut avoir deux sources : dissimilation XIV renversée à la pause, le mot étant fréquemment employé en fin de phrase (la dissimilation XIV directe, intervocalique par implosive, donnerait [*ba'dan]) ; influence de mots français très usités comme *salade*, *marmelade*, *pommade* ; [ba'nɑːdə] est une dissimilation renversée (la dissimi-lation XVII directe, intervocalique par intervocalique suivante, donnerait [*ba'dɑːnə]) sous l'influence de allemand *Marmelade* (assez usité), *Pommade* et peut-être aussi de la forme française [ba'nad].

III
LE BILINGUISME A-T-IL RETARDE L'ACQUISITION D'UNE PRONONCIATION CORRECTE ?

§ 22. – On a vu au § 7 que Louis a acquis deux systèmes articulatoires distincts, que sa prononciation est en allemand et en français celle d'un enfant indigène. On verra aux §§ 34-38, 46 que les emprunts authentiques de langue à langue en matière de vocabulaire et de syntaxe se réduisent en somme à peu de chose et n'affectent pas la correction générale du langage, que de bonne heure notre sujet a pu s'exprimer très convenablement dans les deux langues à peu près comme le fait dans une seule la moyenne des enfants monoglottes (nés dans des milieux cultivés) dont les parents s'occupent assidûment, et que de très bonne heure il a pu faire, non certes des traductions, mais d'exactes transmissions de messages d'une langue dans l'autre.

Ces résultats avantageux ont-ils eu momentanément une contrepartie défavorable ? Ce travail, double dès les débuts, d'apprentissage de la parole a-t-il produit une compensation d'efforts ?

Après ce que je viens de dire on ne peut plus guère chercher cette contrepartie ou compensation que dans un retard apporté à l'acquisition d'une prononciation correcte[77], sensiblement équivalente à celle des adultes. En d'autres termes, la collection de phonèmes que Louis possède dans chaque langue est-elle moins étendue ou moins bien composée – c'est à dire en quantité et en qualité moins semblable à une collection d'adulte – que celle dont disposent en général les monoglottes de son âge ?

Pour résoudre cette question il faudrait inventorier la collection de Louis à différentes époques et la comparer avec des collections de monoglottes. Mais d'une part les publications relatives à des monoglottes que j'ai lues – je n'ai certainement pas épuisé la bibliographie de la matière – ne m'ont fourni en général que des comparaisons incomplètes, les observations dont j'ai pu avoir connaissance étant presque toutes assez sommaires ou peu précises, et quelques-unes suspectes ; d'autre part la comparaison, pour être concluante, ne devrait porter que sur des enfants auxquels on a toujours *parlé franc*, comme au mien, et dont on a assez fréquemment corrigé la prononciation, comme on a fait pour le mien : or les auteurs d'observations ne mentionnent pas toujours ces particularités avec toute la netteté désirable.

---

[77] Le vocabulaire allemand se développe d'une façon parfaitement normale au point de vue de la précocité comme au point de vue de l'extension dans les débuts : je n'en ai pas un relevé complet, mais mes souvenirs me permettent d'affirmer qu'un tel relevé eût été pour le moins aussi copieux que ceux qu'on trouve dans Stern (p. 22, 133, 159-162) pour des monoglottes allemands ; l'indigence du vocabulaire français des débuts est due à des raisons particulières qui ont été indiquées au § 3 (*note J. Ronjat*).

J'entends par *parlé franc* le langage naturel des adultes, sans mièvrerie, ton traînard, plaintif ou chantonnant, négligences voulues par imitation du langage enfantin, etc.... Au point de vue de l'articulation, on a toujours parlé à Louis comme à une grande personne. J'ai toujours fait de même au point de vue du vocabulaire et de la grammaire, n'adressant, bien entendu, à l'enfant que des phrases à sa portée, mais toujours correctes dans la langue courante ou dans le langage familier ; du côté allemand même chose, sauf – sans excès – un certain vocabulaire d'*Ammensprache*, ce qui n'a en soi aucune importance, les mots tels que [waw'waw] « chien », [a'da] « parti, loin », etc... étant toujours prononcés *franc*.

Le *Krähen*

§ 23. – Je dirai d'abord quelques mots du ***Krähen***[78] pendant lequel peuvent apparaître tous les sons que peuvent donner tous les organes vocaux dans toutes les positions et toutes les variétés de mode et de point d'articulation imaginables, notamment des sons qui ne réapparaissent plus jamais au cours de la vie du sujet à partir du moment où il cherche à reproduire ce qu'il entend dire aux grandes personnes. « Certains sons que l'enfant pouvait déjà émettre doivent être réappris à nouveau quand il acquiert le langage par imitation, et cela au prix de difficultés plus ou moins grandes » (Meringer, p. 146). Les enfants de M. Meringer, qui n'entendaient parler autour d'eux que l'allemand, ont produit dans leur *Krähen* beaucoup plus de phonèmes que n'en possède cette langue, « une abondante variété de sifflantes, comme en ont les langues slaves, des sons mouillés et nasaux comme ceux qui caractérisent les langues romanes. Ainsi l'hérédité n'est pas restreinte à certains phonèmes particuliers ; elle s'étend à la faculté d'émettre des sons en général, et le petit enfant peut par le simple jeu de ses muscles produire des phonèmes complètement étrangers à la langue de ses parents » (*ibid.*)

« Il semble que dans les débuts il n'y a pas de communication effective entre le centre acoustique et le centre moteur, que cette communication n'entre en activité, grâce au développement progressif de la perception, que dans la période d'imitation, – ce que vient confirmer la difficulté des premières imitations

---

[78] C'est le mot qu'emploient les mères allemandes pour désigner les exercices spontanés par lesquels les petits enfants agitent leurs organes vocaux sous l'empire du même instinct qui leur fait remuer les membres à peu près sans arrêt pendant l'état de veille. Je ne lui connais pas d'équivalent français satisfaisant. Il a sur *Lallen*, mot plus littéraire, adopté comme terme scientifique par beaucoup d'auteurs allemands, l'avantage d'évoquer par son groupe de consonnes initial des sons que les petits enfants émettent en général avec une particulière fréquence. La distinction entre le *Krähen* et les débuts de l'imitation de langage des adultes a échappé à plusieurs auteurs qui se sont occupés du langage et généralement du développement intellectuel des enfants (*note J. Ronjat*).

d'éléments linguistiques entendus » (Meringer, p. 211). Spécialement – observation obligeamment communiquée par M. Grammont – dès que l'enfant a remarqué qu'il peut émettre autre chose que de simples cris, il exerce en général ses organes vocaux de préférence en produisant des sons qui lui donnent à la fois une sensation auditive et une sensation tactile (de même que par exemple il regarde volontiers ses mains qu'il remue, cumulant ainsi les sensations tactile et visuelle), soit des phonèmes sonores articulés vers l'arrière, ce qui en même temps s'entend et « gratte, racle ». Ainsi par excellence [gr] ; plus tard, au contraire, quand il cherche à répéter ce qu'il entend, il commence par répéter de préférence et le mieux les phonèmes pour l'imitation desquels il peut être guidé non seulement par l'audition, mais en même temps par l'observation visuelle des mouvements articulatoires, soit par excellence [p, b], articulés tout à l'avant, avec un mouvement bien visible des lèvres ; ainsi – et ç'a été le cas pour Louis – [g] fréquemment émis en *Krähen* disparaîtra dans la période d'imitation et sa réacquisition pourra demander un temps assez long (cf. Tappolet[79], p. 402). M. Meumann[80] (p. 18-21) avait déjà remarqué dans le *Krähen* la fréquence de consonnes laryngales qui disparaissent totalement par la suite. Cf. § 32.

Les faits semblent être les mêmes chez les animaux supérieurs. « On n'a jamais convenablement essayé de lâcher dans un enclos couvert d'un filet un couple d'oiseaux pour voir quel nid peut produire ses efforts inexpérimentés ; l'expérience a été tentée pour le chant des oiseaux, qui est censé également instinctif, et l'on trouve que de jeunes oiseaux n'ont jamais le chant particulier à leur espèce s'ils ne l'ont entendu auparavant, tandis qu'ils apprennent facilement le chant de tout autre oiseau avec lequel ils sont associés ». Il y a un *Krähen* comme chez les petits enfants, puis « le chant effectif, et même les notes d'appel, sont appris de parents réels ou nourriciers Les jeunes mâles continuent à s'y exercer ou, comme disent les éleveurs, à étudier pendant dix ou onze mois Les couvées qui ont appris le chant d'une espèce différente, comme les canaris qu'on élève dans le Tyrol, enseignent et transmettent leur nouveau chant à leurs propres descendants » (Darwin cité par Pérez[81], p. 282, 283 ; cf. Stern, p. 268).

---

[79] Ernst Tappolet, *Die Sprache des Kindes*, dans *Deutsche Rundschau*, 33ᵉ année, tome III, p. 399-411, Berlin, 1907. Article de vulgarisation. Ernst Tappolet (1870-1939) est un linguiste romaniste de Suisse alémanique.

[80] Ernst Meumann, *Die Sprache des Kindes*, dans *Abhandlungen, herausgegeben von der Gesellschaft für deutsche Sprache in Zürich*, Zürich, Zürcher & Furrer, 1903. Ernst Meumann (1862-1915, psychologue du langage, est l'un des pionniers de la psychologie infantile et expérimentale. Professeur de philosophie à Zürich, il intègre l'institut des études coloniales de Hambourg en 1911 : William Stern, Ernst Cassirer suivront notamment ses séminaires. A sa mort, William Stern prend sa relève avec le projet de transformer l'institut en nouvelle université.

[81] Bernard Pérez, *La psychologie de l'enfant (les trois premières années)*, Paris, Germer-Baillière, 1882. Bernard Pérez (1836-1903) travaille dans les milieux de la pédagogie et de la psychologie infantile. Ses travaux sur la mémoire auront une influence importante en psychologie expérimentale.

§ 24. – Suivant M. Meringer (p. 215, 216), pendant les trois premiers mois l'enfant n'émettrait que des cris. Je crois la proposition trop absolue. A coup sûr Louis a commencé à *krähen* au moins à la fin du second mois de sa vie (ce qui paraît un terme assez commun, voir Stern, p. 145), et précisément les premiers sons que je note consistent dans le groupe [kr] avec une [r] extrêmement prolongée. Les exercices sont très actifs dès le commencement du 3ᵉ mois. Le premier groupe de deux syllabes que je note est [baba] vers la fin du 7ᵉ mois ; vers la même époque je note le premier groupe consonne + voyelle, [bwa], et vers la fin du 8ᵉ mois le premier groupe consonne + voyelle + consonne, [bab]. On verra plus loin que [r] et [k] ont disparu dès les débuts de la période d'imitation, pour n'être réacquis définitivement, [r] que vers le 30ᵉ mois, [k] qu'au 41ᵉ.

Vers la fin du 8ᵉ mois j'ai entendu – une seule fois, et jamais depuis – [ebv], où je note par *bv* une mi-occlusive sonore dont les deux éléments, *b* occlusif et *v* spirant, sont labiodentaux ; la sourde correspondante *pf* n'a été obtenue qu'à partir du 21ᵉ mois. Au commencement du 11ᵉ mois, *Krähen* très actif, avec exercices répétés sur certaines combinaisons comme [adada, dede] ; je note pour la première fois *f* et *i* ; *f* disparaît ensuite, et n'est réacquise qu'à partir du 18ᵉ mois. Suit une courte période où les débuts du langage articulé conscient (imitation, répétition de mots entre les 11ᵉ et 13ᵉ mois, voir § 6) coexistent avec des exercices, d'ailleurs de plus en plus rares, où il est parfois difficile de faire le départ entre le *Krähen* et l'imitation. Ces faits n'ont rien de nouveau[82] ; si je les ai cités, c'est pour montrer que le bilinguisme ne semble avoir eu aucune influence particulière sur les modalités du *Krähen* ou sur la date des premières imitations.

---

[82]   L'imitation des sons du langage ne paraît guère avant dix mois (Darwin cité par Pérez, p. 102). M. Baldwin (p. 118-119) dit que l'imitation consciente de mouvements des mains ne paraît guère remonter au-delà du 9ᵉ mois, et que ses observations concordent avec celles des auteurs ayant précédemment écrit sur la matière pour placer les imitations vocales après les imitations de mouvements proprement dits, souvent seulement à partir du 11ᵉ mois. Il s'agit ici d'imitations auxquelles l'enfant attache un sens à peu près conforme à celui que les adultes attribuent aux mots imités (cf. Stern, p. 130, 157 ; p. 16, ex. de mot répété au 8ᵉ mois sans que le sens soit compris ; p. 83, ex. d'un fait très rare, répétition au 9ᵉ mois avec sens attaché). On a observé chez certains enfants, entre les 3ᵉ et 8ᵉ mois de leur existence, des répétitions de groupes de phonèmes que les grandes personnes articulaient devant eux, les tenant de l'enfant lui-même qui les avait construits dans les débuts du *Krähen* (Stern, p. 15, 82-83). Je n'ai positivement remarqué rien de pareil chez Louis : l'étymologie de [bu'a] donnée en note au § 3) est une simple hypothèse, qui concerne d'ailleurs un fait postérieur au *Krähen* (*note J. Ronjat*).

L'imitation du langage

§ 25. – Je viens de dire que chez Louis, à partir du 11ᵉ mois, la fin du *Krähen* a en quelque sorte chevauché sur les débuts de l'**imitation**. Les imitations deviennent de plus en plus fréquentes, le *Krähen* devient de plus en plus rare, et visiblement l'enfant tend à ne retenir dans sa collection que les phonèmes utiles. Il ne parvient pas à les retenir tous : la perte de quelques-uns est la compensation du nouveau travail que l'imitation impose à son petit cerveau. Ainsi [g] disparaît progressivement, laissant cependant, chose curieuse, des traces au moins dans un mot précédemment acquis : le 8ᵉ jour du 16ᵉ mois j'entends encore français [ᵍi'ja] < *guillard*[83]. Cf. la persistance, à l'état d'articulation faible ou incomplète, de phonèmes en voie de disparition dans le langage des adultes, signalée pour la première fois par M. Rousselot[84] (*Les modifications phonétiques du langage étudiées dans le patois d'une famille de Cellefrouin (Charente)*, Paris, Welter, 1891). Les résultats du procès d'élimination, de réduction sont assez nets au commencement du 16ᵉ mois. Voici la liste, je crois, complète des phonèmes possédés à ce moment :

Voyelle : [a] ; un a mi-fermé, par exemple dans allemand ['dat̪e] < *Soldaten* ; [ɛ] bref et long ; [e ; i ; u ; y ; œ] ; [ə] seulement en allemand, après l'accent et devant une *r* faible, exemple [dɔnəʳ, pubəʳ] < *Donner, Puder* ; [ɛ̃, œ̃]. Les voyelles sont toujours brèves et ouvertes en syllabe fermée, exemple allemand *Bad* [bɑːt] > [băp], plus tard [bɑːt] (voir § 19) ; ce phénomène paraît assez général chez les enfants, voir Stern, p. 289. Pour l'accent d'intensité en allemand, voir § 9.

Diphtongue : [aj].

Occlusives : [p, b, t, d] et de plus, en allemand, les sourdes douces [p̬, t̬]. Pour les aspirées, voir § 8.

Autres consonnes : [j, w, v, h, m, n], et *r* faible (voir plus haut, voyelle)

[ɔ] et [õ] sont répétés [e], exemple français [be] < *beau* et *bon* ; [ɛ̃] est répété [a], exemple français [pa] < *pain*, sauf dans français [mɛ̃] < *main*, où l'émission de la voyelle nasale est facilitée par *m-* ; *l* est répétée [jj], exemple allemand [baj] < *Ball* ; pour les occlusives vélopalatales, une série d'essais se produit dans la région des médio-linguales mouillées : ainsi le *k-* de allemand *kalt* est répété par une sourde douce mouillée ou par une sourde forte non aspirée mouillée qui oscille capricieusement entre le *d* initial de russe *den* « jour » et la consonne de certains dialectes français qu'on note approximativement quand on écrit *cintième* pour *cinquième* ; puis la prononciation se fixe sur [t, d] substituts de [k, g], et de plus en allemand sur [t̬] substitut de [k̬]; exemple allemand *Auge* >

---

[83] On appelle ainsi dans ma famille tous les petits appareils ingénieux tels que tirebouchons à hélice, casse-noisettes perfectionnés, etc..., du nom d'un brave homme de chez nous qui était grand amateur de tous ces objets (*note J. Ronjat*).

[84] L'abbé Rousselot (1846-1924) est considéré comme l'inventeur de la phonétique expérimentale, cf. « Le bilinguisme selon Ronjat : son temps et son actualité ».

['awde] ; cette substitution est très fréquente dans le langage enfantin (voir Stern, p. 289).

Pour la réduction des groupes de consonnes voir § 12 *in fine* ; pour les assimilations voir §§ 13-19.

§ 26. – Je vais maintenant indiquer divers enrichissements de la collection, en suivant généralement l'ordre chronologique. Ce ne sera pas une suite de faits complète et méthodique. Je n'ai pas pu noter tous les phénomènes, et parmi ceux que j'ai notés je choisis ceux qui me paraissent vraiment intéressants. Je n'ai par ailleurs aucune raison d'en développer bien longuement le relevé, puisque mon but essentiel est de comparer les faits observés chez Louis avec ceux qui ont été observés chez des enfants monoglottes, et que je ne dispose pas pour ceux-ci d'un répertoire abondant d'observations détaillées. Toute date indiquée se réfère naturellement à la constatation d'un phénomène, et l'existence de ce phénomène peut toujours avoir précédé au moins de quelques jours sa constatation. L'expression *précédemment* signifie « dans une période antérieure », mais non toujours « dès les débuts de l'imitation ». L'expression *encore* signifie qu'à la date indiquée j'ai constaté la persistance du fait en question, mais n'implique pas que ce fait n'ait pas persisté au-delà de cette date.

17e mois, 9e jour : français *beau* > [bo] précédemment [be].

Fin du 18e mois : deux phonèmes nouveaux dans français [fø] < *feu* ; *f*- sert aussi pour allemand *pf*- ; *p* reste substitué à *f* intervocalique et finale, exemple vers le milieu du 19e mois allemand ['ope] < *Ofen*, vers le milieu du 20e allemand [dawp] < *drauf* ; à la fin du 20e j'entends français [œf] < *œuf*, mais [dawp] se maintient longtemps, je ne note que vers le milieu du 23e mois la rectification [dawf] ; à la fin du 20e mois encore allemand ['fajpe] < *Pfeife*, mais vers la fin du 23e français *café* > [a'fe], précédemment [a'pe].

Vers la fin du 19e mois : allemand [t͡s] > [h] dans *Zimmer* > ['himə^r]. Un peu avant : [ʃ] > [h] dans *schellt* > [het].

20e mois : [ɑ] très net ; [ɛ̃] est répété correctement en toute position, par exemple le français *pain* < [pɛ̃] précédemment [pa].

20e mois, 7e jour : français *chat* > [ça] ; allemand *Buch* > [buːh].

Fin du 20e mois : [ɔ̃] dans français [nɔ̃] < *non* ; essais pour [ʃ] dans la région médio-linguale, aboutissant à [t], exemple français [vat] < *vache*, cf. au 16e mois les essais pour allemand *kalt* aboutissant à [tajt]. Un peu avant : allemand [-n̩], exemple *Soldaten* > ['daṭn̩] précédemment ['daṭe].

20e mois, 10e jour : pour la première fois, à la question, posée en français ou en allemand, « comment t'appelles-tu ? » Louis répond sans hésiter [ᶦᵉɔ'da] < *Louis Ronjat* ; il donne plusieurs fois cette réponse, [ᶦᵉ-] arrive peu à peu à [y'i], pendant que le second élément devient [??a] où je note par le premier ? une voyelle qui oscille entre les trois phonèmes [o, œ, ɔ̃] et par le second une spirante sonore dont je ne peux pas déterminer le point d'articulation, au reste variable. Vers le milieu du mois apparaissent en allemand les sourdes aspirées (voir § 8). Vers la fin apparaît le premier groupe consonne + *r*, constaté dans français [tutab?y'je] < *tout a brûlé*[85] ; je note ici par ? un phonème faiblement articulé qui produit une impression auditive participant de [r] et de [v]. A la fin du mois apparaît allemand *pf* : *Pferd* [p͡fert] > [p͡fɛ'ᵗ] ; précédemment *Pfeife* > ['fajpe], que j'entends encore au 24ᵉ mois.

Vers la fin du 22ᵉ mois *r* implosive devient de plus en plus nette ; au 24ᵉ mois *Decœur* (noms de parents que Louis voit souvent) > [də'tœr], précédemment [də'tœ'ᵗ].

Milieu du 23ᵉ mois : allemand *Schiff* > [çif]; précédemment, essais pour rendre [ʃ] par des phonèmes oscillant entre [h] et [ç] ; allemand *Buch* > [buːx], avec [-x] assez net, précédemment [-h]. Vers la fin : français *ça* > [ça], et le même jour *chat* est répété [tça], mais ce [tç] n'est qu'un essai qui ne se fixe pas ; allemand *Tisch* > [tiç] précédemment [tit], avec assimilation (voir § 13); groupes de consonnes : français *livre* > [jibr], *pierre* > [pɛr] ; quatre jours après *papier* > [pa'pçɛ], et comme je corrige *papier* > [pa'pje], Louis dit [pa'pe] ; je n'entends [pjɛr] < *pierre* que l'avant-dernier jour du 24ᵉ mois.

Au commencement du 24ᵉ mois [x] est très correctement émis dans ['maxn] < *machen*. Ce mois marque un progrès important dans le traitement des consonnes sifflantes et chuintantes : le 11 français *ours* est répété [ut] mais le prénom de ma belle-sœur Sonni, donné en allemand ['zɔni], est répété ['jɔni] ; le 20 français *cassé*, *vache* > [a'çe, vaç] précédemment [a'te, vat], *pèche* > [peç] (mot nouveau) ; cependant le 26 allemand *gross* > [oːt] ; le 24 j'entends une *s* presque correcte dans français [ase, sɔj'da, syt] < *cassé, soldat, sucre* et dans allemand [an'sen] < *ansehen* ; le 26 français *éponge* > [epɔ̃j] ; mais ensuite la confusion de [s] avec [ʃ] en [ç] et de [z] avec [ʒ] en [j] reprend le dessus ; [j < z] dans ['jɔni] n'a été qu'un essai à peu près isolé.

Depuis le 16ᵉ mois [t, d] sont substitués à [k, g], et [ṭ] à [ḳ]. Au 24ᵉ mois Louis s'aperçoit que les phonèmes répétés ne sont pas semblables aux phonèmes donnés (cf. le cas particulier de *café* dès le 15ᵉ mois, § 16 *in fine*), mais il ne parvient pas à répéter tels quels les phonèmes donnés. Dans les mots nouveaux [k, ḳ, g] et leurs combinaisons avec [r, l] sont purement et simplement supprimés à l'initiale : allemand *Kuh, gross* > [uː, oːt] français *quai* et *clef* > [e], *cave* > [av], *cassé* [a'çe], puis [a'se], allemand et français [a'fe] « café » ; à l'intérieur, un bref arrêt du souffle marque la place des phonèmes donnés ; français *paquet, baguette* > [pa'.e, ba'.et]. Les mots anciens peuvent être conservés, exemple français *Decœur* > [də'tœr], ou rectifiés, exemple allemand *kalt* > [ajt] précédemment [tajt], *Klavier* > [a'viːr], précédemment [ta'viːr], *Packet* > [pa'.et], précédemment [pa'pet] (voir §§16 *ad finem*, 19 *in fine*). Pour la finale je n'ai pas d'exemple bien net ; je crois que l'ancien traitement subsiste, parce que, quand [syt] succède à l'ancien [yt] < *sucre* (rectification notée le 24ᵉ

---

[85] A l'occasion d'un incendie qui avait fait de gros dégâts dans notre appartement (*note J. Ronjat).*

jour du mois), la finale ancienne est maintenue ; cf. plus loin *truc* > [yt]. L'ancienne [n] est maintenue comme substitut de [ŋ], exemple allemand *Finger* > ['finəʳ] : la différence d'impression auditive est beaucoup moins grande entre [n] et [ŋ] qu'entre [k, ḳ, g] et [t, ṭ, d]. J'ajouterai immédiatement qu'il est fort possible que ce que je viens d'appeler « suppression à l'initiale » et « bref arrêt du souffle à l'intérieur » ait été dès le début une occlusive laryngale articulée si faiblement que mon oreille n'a pu en avoir la perception nette.

Dernier jour du 24ᵉ mois : français *prune* > [py?n] où je note par ? une [r] non roulée avec un timbre [u] très frappant ; métathèse[86] dissociant le groupe *pr-* que l'enfant ne peut pas répéter, mais qu'il sent différent de *p-*. Le lendemain et le surlendemain, *r* est purement et simplement supprimée dans [da, tɔ, dy, i] < *drap, trot, dru, gris* ; tout le groupe consonne + *r* est supprimé dans [yt] < *truc*, je ne sais pourquoi.

26ᵉ mois : consonne + *l* > consonne + [j], exemple *blanc, fleur* > [blɑ̃, fjør], mais [kl] est toujours supprimé ou remplacé par un bref arrêt du souffle, exemple *bicyclette* > [biçi'.et]. Acquisition de [ɑ̃]. Confusion de [s, ʃ, ç] en [ç] et de [z, ʒ] en [j], exemple français *champignon* > [çɑ̃pi'ɲɔ̃], *danser* > [dɑ̃'çe], allemand *das heisst* > [daç 'hajçt] ; groupe implosif [-çt] très net dans ['hajçt] ; [bɛrt] < *Berg* [bɛrç] peut soit être un mot acquis antérieurement et subsistant tel quel avec [-t < -ç], soit représenter un traitement particulier pour [ç] appuyé sur *r*.

Fin du 27ᵉ mois : allemand *grün* > [yn], comme au 24ᵉ français *gris* > [i] ; *macht* > [mat] ; *ist* > alternativement [iç] et [içt].

Commencement du 28ᵉ mois : français *marche* > [maç] ; allemand *Wasser* > ['vaçəʳ] et ['vasəʳ], précédemment ['vapə] ou ['vapəʳ], avec assimilation (voir § 19 *ad finem*). Vers le milieu du mois [ɕ < s] tend à remplacer [ç], exemple français *fils* > [fiɕ] ; [ʃʃ] est répété alternativement [ɕ] et [ç] ; [s] est articulée correctement dans ['vasəʳ] au commencement du mois et dans plusieurs autres mots à la fin, mais ne réussit pas à déloger [ɕ] ; tendance à répéter [ç] pour [ç] et [ʃʃ], [ɕ] pour [s] mais cette tendance ne se fixe pas. A la fin du mois *l* intervocalique est de plus en plus fréquemment répétée par un phonème intermédiaire entre *l* et [j] ; précédemment [j], mais depuis deux mois environ en concurrence avec le phonème intermédiaire.

Vers la fin du 29ᵉ mois : groupe [-xt] dans allemand [axt] < *acht* ; allemand *grün* > [y:n] comme précédemment ; on corrige, Louis dit [°ry:n] avec une *r* uvulaire fortement roulée, comme « raclée », et précédée d'un bruit vélaire ou post-palatal par lequel il cherche à répéter *g-* ; on corrige encore, il répète presque correctement [gry:n], toujours avec *r* « raclée » ; je donne *grand*, il répète [ᵃra] avec *r* « raclée », puis il se refuse à répéter plus longtemps. Français *canon* reste [a'nɔ̃], allemand *Kanone* reste [a'none].

Au commencement du 30ᵉ mois les mots anciens *là, Lolo* restent [ja, jɔ'jɔ], mais *Madame Loebell* (nouveau) est répété [madam lø'bɛl] avec *l-* et *-l* presque

---

[86] Permutation de deux phonèmes en contact, comme *infractus pour infarctus.

correctes ; à la question « comment s'appelle papa » Louis répond [jyl] < *Jules*, avec une -*l* qui me produit l'impression d'un phonème segmenté qui commencerait par un [j] pour finir progressivement sur une *l* presque correcte (on remarquera en outre [j < ʒ]) ; *grand* > [ʔrɑ̃], où je désigne par ? un élément initial qui est alternativement l'*a* faiblement articulé du mois précédent et une occlusive laryngale sonore assez nette ; *r*- très correctement répétée dans [rɔ̃'ja] < *Ronjat* ; *charbon* > [ɕabɔ], puis, sur correction, un extraordinaire foisonnement de *r* et d'anaptyxe[87], presque [ɕarəbə'rɔ̃].

Le 6ᵉ jour du mois je note allemand [fiɕ] < *Fisch*, [çif] < *Schiff*[88], [ɕu] < *zu*, ['ɕiməʳ] < *Zimmer* ; le 7ᵉ, allemand *putzen* est très correctement répété ['puꞇsn̩]. Vers la fin du mois [ˌapfe'baj] < *Apfelbrei* est rectifié à diverses reprises [ˌapfe'braj] ; [j] < *j'* [sa] < *ça*.

§ 27. – Dès le 31ᵉ mois au moins *r* est correctement articulée en toute position. Les phonèmes qui clochent encore sont les occlusives vélopalatales, [ŋ], les sifflantes et chuintantes et *l*.

C'est, comme précédemment, dans les groupes combinés avec *r* qu'une occlusive vélopalatale est le plus facilement émise ; seule ou combinée avec *l*, la consonne est encore supprimée à l'initiale et sa place est encore marquée à l'intérieur par un bref arrêt du souffle, mais il n'y a plus de [t, d < k, g] en finale, et dans ces trois positions est de plus en plus fréquente une occlusive laryngale souvent nettement articulée. Au milieu du 31ᵉ mois français *gratin* est répété presque correctement [gra'tɛ̃] mais *gâteau* > [ʔa'to]. Les mots en *gr-* donnent plutôt [ʔr-] au 31ᵉ mois, [gr-] à la fin du 33ᵉ, et dans l'intervalle les deux groupes alternent capricieusement. A la fin du 33ᵉ mois et au commencement du 34ᵉ Louis émet des [k] presque corrects, mais s'il en émet beaucoup les derniers finissent par être presque des [x]. Au commencement du 35ᵉ, français *cri* est répété presque [gri], sonorisation par anticipation sous l'influence des deux phonèmes sonores *r* et *i* ; vers la fin j'entends des [gr-] et des [kr-] presque corrects, mais plus de [g] ni de [k]. Vers le milieu du 36ᵉ, une occlusive laryngale implosive semble dégager un [ə], exemple *musique*, *casque*, *Marc* >

---

[87]   Insertion d'un phonème entre deux consonnes.

[88]   J'ai noté [fit] < *Schiff* à la fin du 19ᵉ mois. Louis rendait alors [ʃ] par *t* et ne connaissait pas *f* implosive : [fit] est la métathèse immédiate d'une phase sans durée [ꞏtif] ; elle a pu du reste être favorisée par la coexistence de [fit] < *Fisch* et la confusion sémantique entre « bateau » et « poisson » dans « ce qui nage, ce qui flotte » ; Louis appelait p. ex. [fit] en all. un morceau de bois ou un bouchon jeté au Rhône. Vers la fin du 24ᵉ mois les mots *Fisch*, *Schiff* donnés à nouveau sont répétés distincts [fiç, hif], et en disant [hif] Louis ajoute qu'il ne faut pas dire [fit]: « Sag mal *Fisch*. – [fiç]. – Sag mal *Schiff*. – [hif, nit fit] ». Cependant quelques jours après il dit encore [fit] en voyant un bateau ; [hif] subsiste encore, rectifié en [çif], et [fiç] également, mais la forme la plus fréquemment employée est [fit], au sens de «poisson », de « bateau » et de « tout ce qui nage ou flotte », et cela jusque vers la fin du 35ᵉ mois. Au 20ᵉ mois Hilde Stern répétait *Schiff* par *Fisch* (Stern, p. 33) (*note J. Ronjat*).

[myˈziʔə, ʔasʔə, marʔə], mais je pense qu'il faut voir là une généralisation partant de groupes comme *casque de pompier, l'oncle Marc nous a écrit*, etc... où un [a] étymologique ou non, écrit ou non, peut être prononcé (*loi des trois consonnes*, voir Grammont, *Mémoires de la Société de Linguistique*, tome VIII, p. 53 et suivantes) ; j'entends une fois [pɥi] < *cuit*, mais cette accommodation (occlusive palatale [k] ou laryngale [ʔ] X continue bilabiopalatale [ɥ] = occlusive bilabiale [p]) ne s'établit pas à demeure. Au commencement du 39ᵉ mois je donne plusieurs mots avec [k, g] : ils sont répétés assez correctement, sauf que [k] explosif devant voyelle tend à la mi-occlusive dont l'élément spirant est [x], et que [k] implosif est remplacé par l'occlusive laryngale : si je dis [ak], Louis répète [aʔ] ; il demande : « C'est ça ? » et sur ma réponse négative il abandonne vite la partie. Au 40ᵉ mois, le 3ᵉ jour, il répète presque correctement *chrysanthème* deux ou trois fois, puis dit [ʔrisɑ̃tɛm]. Le 16ᵉ jour, ayant prononcé avec [ʔ-] un mot en [g-] que je corrige, il répond à ma correction en articulant le [g] isolé, très correctement, sauf un léger bruit fricatif qui suit l'explosion. Ce [g] m'ayant semblé vélaire, je demande à Louis de dire [gu, go, ga] ; il répète [ʔu,ʔo,ʔa] ; je donne [gi], qui est répété correctement, sauf un très léger bruit fricatif ; *gri* est répété irréprochablement, le bruit fricatif ayant disparu ou se résorbant dans *r* ; [ge] sort également très bien, mais [gɛ] est répété [ʔɛ]. Je cherche à appliquer à la sourde ce qui vient de réussir pour la sonore, mais [ki] est répété [ʔi]. Je n'insiste pas, il ne faut pas fatiguer l'attention. Louis se précipite dans la cuisine et crie à tue-tête [gi, gi] pour informer notre personnel domestique de l'acquisition qu'il vient de faire[89]. Il se rend parfaitement compte des lacunes de sa prononciation : le 21ᵉ jour, comme sa mère s'amuse à prononcer *trocken* [ˈtrɔʔən] au lieu de [ˈtrɔkn̩], il lui demande : « Sagt die Mami so ? »[90]. Mais il ne s'exerce pas volontiers, et d'ailleurs je ne le pousse pas. Le lendemain il répète volontiers [gi], mais se refuse à tout essai avec [ge] et [ki]. Le 25ᵉ jour j'obtiens [kʲ], avec un *i* chuchoté, après un essai dans lequel [k] était segmenté, première partie sonore, seconde partie sourde, et Louis prononce ensuite très correctement [gi-, ge-, gɑ-, gɔ-, gu-] dans *gui, Gayvallet, gâteau, gobelet, Gounon*, parfois avec un léger bruit fricatif analogue à [x] ou à *r* uvulaire, surtout entre [g] et [ɑ], toujours avec une vigoureuse implosion, et la consonne étant sonore pendant toute sa durée. Les jours suivants Louis ne répète pas volontiers. Cependant le 28ᵉ j'obtiens [ki] ; je demande [ke],

---

[89] M. James Mark Baldwin (*Le développement mental chez l'enfant et dans la race*, traduit de l'anglais par M. Nourry, Paris, Félix Alcan, 1897, p. 398) mentionne comme un fait bien connu la joie que les enfants manifestent quand ils peuvent enfin prononcer un phonème nouveau ; souvent ils notifient l'acquisition récente à eux-mêmes et à leur entourage (*note J. Ronjat*). James Baldwin (1861-1934), théoricien américain, va influencer Vigotsky et Piaget par ses travaux qui, tournant le dos à tout empirisme, introduisent des concepts liés à la théorie de l'évolution dans les études en psychologie.

[90] Est-ce que maman dit comme ça ? (*note J. Ronjat*).

Louis répond [ipœ'pɑ][91] ; mais tout à coup il dit de lui-même [ku'j/œr][92] « couleur » et [kwa] « quoi ». Le 29ᵉ jour il me dit [e'ʔut] « écoute » et sur ma correction prononce presque irréprochablement [e'kut] avec un [k] à forte implosion et sans bruit fricatif. Le même jour ma femme obtient toute la série vélopalatale en allemand ; dès les premiers jours du 41ᵉ mois Louis sait articuler les occlusives vélopalatales dans toutes les positions (y compris en groupe combiné occlusive + *l*) et dans les deux langues, français [k] sourde forte non aspirée, [g] sonore pendant toute sa durée, allemand [k] sourde forte aspirée ou non suivant les positions, [ʞ] sourde douce non aspirée, [g] sonore à implosion sourde, et non seulement la nasale en contact avec [k] dans un mot tel que *danke* devient d'elle-même [ŋ], mais [ŋ] est correctement articulée par exemple dans *Finger* > ['fiŋr̩], précédemment ['finər], puis ['finr̩].

§ 28. – On a vu plus haut que Louis répète correctement [ç], que son oreille distingue [ʃ, ʒ] de [s, z, t͡s], mais que son articulation, ne parvenant pas encore à produire correctement [ʃ, ʒ], à produire correctement avec fixité [s, z, t͡s], hésite entre des approximations diverses. Le premier phonème qui se fixe est [t͡s], à partir de ['putsn̩] < *putzen* au commencement du 30ᵉ mois. Au milieu du 31ᵉ je note [zə] < je, mais à la fin du 32ᵉ [ʒ] est confondu avec [z] dans [ʲwirʒ'za] < *Louis Ronjat*, au commencement du 34ᵉ [ʃ] avec [s] dans [ptinɛ'sɛj] < *petite échelle* ; vers la fin du 35ᵉ *j* est prononcé presque correctement [ʒ] ; au 36ᵉ je note [sif] < *Schiff*, [my'ziʔə] < *musique*, [ʔasʔə] < *casque*. Au commencement du 41ᵉ mois [ʃ, ʒ] et [s, z] sont distinctement et à peu près correctement articulés dans la prononciation appliquée d'un mot donné ; le 10ᵉ jour, pendant une promenade avec moi, Louis, voyant un chien, dit presque correctement [ʃjɛ̃] puis [sjɛ̃], puis [sɛ̃], en ajoutant « pas joli », commentaire de ces deux prononciations incorrectes ; le 14ᵉ il prononce irréprochablement *je suis gentil, neige, vache, chien, sou, passe, rose, zigzag* ; depuis je n'ai plus relevé aucun écart notable de prononciation dans cette série, seulement quelques vacillements passagers de [ʃ, ʒ] vers [ç, j] (cf. note au § 69).

§ 29. – Le substitut primitif de *l* était [j] ; vers la fin du 26ᵉ mois apparaît entre voyelles un phonème intermédiaire [ʲj] ; depuis le 30ᵉ *l* est parfois articulée à peu près correctement, mais ne parvient pas à s'établir : au commencement du 34ᵉ mois encore [ptinɛ'sɛj][93] < *petite échelle* ; au commencement du 41ᵉ mois *l* est en toute position répétée par [l], le phonème intermédiaire s'étant

---

[91] « Il peut pas » ; il emploie souvent « il » en parlant de lui-même ; en all. il dit *er*, ou *der Bubi* « le petit garçon» (*note J. Ronjat).

[92] Ronjat écrit [j] au-dessus de [l] pour expliquer qu'il s'agit d'un son à mi-chemin entre [j] et [l].

[93] L'adjectif [pti] reste généralement invariable devant un substantif féminin commençant par une consonne ; *n* dans [-nɛ'sɛj] provient d'une fausse coupure du groupe une échelle (*note J. Ronjat).

progressivement éloigné de [j] et rapproché de [l]. Louis paraît satisfait de cette approximation jusqu'au milieu du 48e mois : alors il cherche dans une autre direction, et j'entends presque un d^{94} dans [pə'dɥi] « pluie », précédemment ['pʲlɥi] ou [pəʲlɥi]. Vers la fin du 50e mois j'entends un jour [pwa'd] « poêle » ; je corrige [pwal], Louis répète avec une *l* (impression auditive participant de *l* et de *v*) articulée la langue tirée à plat bien en avant des mâchoires et dépassant même légèrement les lèvres ; il cherche donc quelque chose qui ne soit ni [d] ni [j] ; je lui explique qu'il ne faut pas tirer la langue, mais la laisser derrière les dents, il prononce à peu près correctement [pwal]. De même le lendemain. Quinze jours après il prononce presque correctement [-l] finale du nom propre *Bégule* et me dit : « Je plie ma langue comme ça (geste de l'index dessinant dans l'air une courbure). – Derrière tes dents ? – Oui, derrière mes dents ». Depuis, la prononciation de *l* est à peu près correcte, sauf encore très fréquemment jusque vers le 56e mois une impression auditive participant alternativement de [j] et de [d].

§ 30. – En **résumé**, au 16e mois Louis possède les voyelles *a, ɑ* mi-fermé, *e, ɛ, i, u, y, œ, ẽ* après *m, œ̃*, la diphtongue *aj*, les occlusives *p, b, t, d* ^{95} et les continues *v, w, j, h, m, n, ʳ* ; les assimilations du 15e mois cessent de se produire (voir § 19) ; vers le milieu du mois apparaît une voyelle tonique fermée en syllabe fermée, *baːt* (voir § 19) ; pour l'accent d'intensité dans les mots du type *Armband*, voir § 9. Voici maintenant les acquisitions ultérieures importantes :

Voyelles : *o* au 17e mois, *ø* au 18e, *a* très nettement fermé et bien établi au 20e, *ẽ* en toute position au 20e, *ɔ̃* au 20e, *'ŋ* au 20e, *ã* au 26e.

Consonnes continues : *f-* au 18e mois, *-f* au 20e, *-f-* au 23e, *pf-* au 21e, *-pf-* au 30e ; *-x* assez net au 23e ; *-x-* très net au 24e ; *ç* au 26e ; *r* implosive au 22e, correcte en toute position au 31e.

Groupes : presque *br-* au 21e mois ; *-br* au 23e, *-br-* au 30e ; *pj* au 24e ; consonne + *j* < consonne + *l* (sauf *kl, gl*, où l'occlusive est supprimée ou remplacée par *ʔ*) au 26e ; *-çt* < *-st* au 26e ; *-xt* au 29e.

---

^{94} M. Grammont me fait remarquer que dans la période antérieure Louis a dû ne pas entendre une harmonique commune à *l* et à *d*, de sorte que l'idée ne lui est pas venue de placer la pointe de sa langue pour *l* à peu près comme pour *d* ; il cherche dans une autre direction jusqu'à ce que, s'apercevant qu'il n'atteint pas *l* avec la position de [j], il prenne la position de [d] sans parvenir de lui-même à trouver le procédé (abaissement des deux côtés de la langue) qui lui permettrait de transformer son *d* en *l*, procédé que dans l'état de son développement intellectuel je ne crois pas pouvoir utilement lui indiquer. Le phonème intermédiaire est très différent de *l* mouillée qu'on entend dans l'italien fi*gl*ia, le béarnais hi*lh*e, le portugais fi*lh*a, l'espagnol *ll*eno (*note J. Ronjat*).

^{95} Dans tout ce § il faut sous-entendre des sourdes douces allemandes conformément au § 8 ; pour les sourdes aspirées, voir aussi § 8. J'ai supprimé ici les crochets pour alléger l'aspect typographique : tous les phonèmes en italiques sont notés en transcription phonétique (*note J. Ronjat*).

Vers le 31ᵉ mois tout est à peu près correct sauf les occlusives vélopalatales et *n*, les sifflantes et chuintantes, *l*.

Les occlusives vélopalatales sont répétées *t, d* au 16ᵉ mois ; au 24ᵉ elles sont supprimées ou remplacées par ʻ, sauf en finale *-t, -d* ; premières apparitions de *gr-* ou approximations au 29ᵉ ; extension de *ʔ*, même en finale, vers le 31ᵉ ; quelques *k, g* explosifs aux 34ᵉ et 39ᵉ ; aux 40ᵉ et 41ᵉ, en une quinzaine environ, acquisition définitive de *k, g, ŋ, kr, gr, kl, gl* (sauf l'articulation encore imparfaite de *l*).

Sifflantes et chuintantes : toutes sortes d'essais depuis le 19ᵉ mois ; *t͡s* fixé au 30ᵉ ; *s, z, t͡ʃ, d͡ʒ* définitivement distingués et fixés au 41ᵉ.

l > j au 16ᵉ mois ; *l* intervocalique *> ˡj* au 26ᵉ ; au 30ᵉ apparition de *l* qui ne se fixe pas ; au 48ᵉ essai dans les directions ᴶ*l* et *d* ; au 50ᵉ essai dans les directions *d* et *l* labiale ; *l* reste articulée très fréquemment de manière à produire une impression auditive participant alternativement de *j* et de *d*.

§ 31. – Le lecteur aura remarqué de lui-même la fréquence et la variété des essais spontanés d'imitation (§§ 26-29), surtout pour les occlusives vélopalatales, pour les sifflantes et chuintantes et pour *l*, l'abondance des réfections progressives, corrections ou rectifications totales ou partielles (ibid. et §§ 18-20). Les essais sont manifestement conscients dès le 24ᵉ mois : voir note au § 26 *in fine* [hif, nit, fit] et cf. au 41ᵉ mois « [sjɛ̃, sɛ̃] pas joli », § 28 *in fine*.

Ces faits ne se présentent pas chez tous les enfants. Chez les deux sujets observés par M. Grammont, la prononciation correcte succède à une prononciation enfantine presque toujours par substitution immédiate d'une forme à une autre totalement différente : Robert dit tout à coup *du sucre* au lieu de [kɔˈtyk], sans intermédiaire ; chez Geneviève *confiture* succède sans transition à [iˈtyja] (*Mélanges Meillet*, p. 81-82). Mais ce n'est rien qui ressemble à une loi, c'est seulement le cas le plus fréquent : on a vu par exemple au § 20 *ad finem* que Robert prononce successivement [mɛˈni, pɛˈti, mɛˈti, mɛˈsi], *merci* (ibid., p. 70). Chez Louis le cas le plus fréquent semble bien au contraire être la correction, le perfectionnement. M. Meringer a tort de poser en règle générale (p. 209-211) que « les enfants ne s'exercent pas » et que chez eux « apparaît subitement, tout d'un coup, une acquisition nouvelle dont la préparation n'avait pu être observée en aucune manière. »

La fréquence des perfectionnements et la variété des essais seraient elles dues chez Louis au bilinguisme qui provoquerait un double jeu de comparaisons phonétiques ? Non, car d'une part Addi, bilingue comme Louis, n'a pas présenté les mêmes phénomènes, et d'autre part la petite fille monoglotte observée par M. Bloch[96] a eu des essais encore plus compliqués et plus variables[97] que ceux

---

[96] Oscar Bloch, *Notes sur le langage d'un enfant*, dans *MSL*, t. XVIII, p. 37-59. Oscar Bloch (1877-1937) est un linguiste et lexicographe spécialisé dans la dialectologie gallo-romane ; il est l'auteur avec Walter von Wartburg, coéditeur de l'opus ultime de Ronjat, d'un célèbre *Dictionnaire étymologique de la langue française*.

de Louis (voir *Mémoires de la Société de Linguistique*, tome XVIII, p. 37 et suivantes et spécialement 39-51). Enfin on a toujours parlé *franc* à Louis et à Addi, et on a beaucoup parlé *bébé* à Jacqueline Bloch. Aucune généralisation n'est légitime en cette matière.

Réponse à la question posée

§ 32. – Louis a eu de bonne heure un jeu assez étendu de voyelles ; très tard, après sa troisième année révolue, les occlusives vélopalatales, les sifflantes et chuintantes et une *l* presque correcte ; de très bonne heure *r* faible, puis *r* correcte en toute position avant la fin de sa troisième année ; les labiales [p, b, v, w, m] étaient acquises en même temps que les dentales [t, d, n], mais *f* (18e-23e mois) a de beaucoup précédé [ç] (26e), et encore plus les sifflantes et chuintantes (41e) et *l* (à peine correcte au 50e). Il y a en somme concordance pour les points importants avec les conclusions générales de M. Meringer (p. 215, 216), suivant lesquelles les enfants acquièrent le plus souvent les occlusives labiales avant les dentales et surtout avant les vélopalatales, et éprouvent les plus grandes et les plus durables difficultés pour articuler [r, l, s, ʃ]. On s'explique aisément que l'enfant répète le mieux les phonèmes pour l'imitation desquels l'œil vient au secours de l'oreille (cf. § 23). Les aveugles de naissance parlent plus tard que les voyants, parce qu'ils ne peuvent ni observer des mouvements articulatoires, ni percevoir une association entre un mot et un objet ou un geste (Wundt, tome I, p. 297-300 ; Stern, p. 128-129).

Cherchons maintenant la réponse aux questions posées § 22 : Louis est-il en **retard**, pour la **prononciation correcte**, sur la moyenne des enfants de son âge ? Si ce retard existe, peut-on l'attribuer au **bilinguisme**, est-ce une compensation d'efforts avec le double travail d'apprentissage de la parole ?

Avant d'examiner les termes de comparaison dont je dispose, je rappellerai qu'on a toujours parlé *franc* à Louis (voir § 22 in fine) et qu'on a assez souvent repris ou corrigé sa prononciation.

Enfants monoglottes français observés par M. Grammont, qui m'écrit : « Je n'ai jamais corrigé ni repris la prononciation de mes enfants, parce que j'ai trouvé très amusant de les laisser parler comme ils pouvaient et se débrouiller tout seuls. Autour de moi on ne les a en somme pas repris non plus. » On leur a parlé *franc*. Vers le 18e mois, chez chacun de ces enfants, presque tout est juste ; sauf [sk] pour [ks] dans *index*, *accent*, etc…, qui persistent très tard, et le nasillement à l'italienne que Geneviève conserve jusqu'à trois ans (voir § I), la

---

[97] « On conçoit combien il est difficile de suivre et même de saisir des manifestations si changeantes, et qu'à vouloir les présenter d'une façon trop systématique on s'exposerait à trahir la réalité » (Bloch, p. 46) *(note J. Ronjat)*.

prononciation est devenue en général parfaitement nette et correcte (*Mélanges Meillet*, p. 79-80). Avance incontestable et considérable sur Louis.

Petite fille monoglotte française observée par M. Bloch. On lui a beaucoup parlé *bébé*, et par conséquent on n'a sans doute à peu près rien repris. Les observations ne vont que jusqu'au 26e mois. Articulation extrêmement flottante : au 26e mois [k, g, j, r, s, z, ʃ, ʒ] ne sont pas encore fixés, ni aucun groupe de consonnes (Bloch, p. 40-42). Retard sensible sur Louis pour plusieurs points importants.

Observation générale de M. Bloch (p. 42) sur [k, g] : « C'est un fait très répandu que la difficulté que l'enfant éprouve à articuler ces consonnes, souvent jusqu'à cinq ou six ans. » La date tardive de leur acquisition par Louis (41e mois) n'est donc pas tout à fait exceptionnelle.

Deux petits garçons monoglottes français dans ma famille. Parlé *franc* ; pas repris. L'un d'eux conserve encore à près de sept ans une blésité[98] assez sensible. L'autre à cinq ans a une articulation beaucoup moins nette que Louis à quatre ; de plus il blèse ou il confond [s, z] et [ʃ, ʒ] en un couple de phonèmes intermédiaires entre [s, z] et [θ, ð], et il remplace [k, g] en toute position par [t, d]. Retard des plus sensibles sur Louis.

Enfant monoglotte français observé par Roussey[99] (p. 96-98) : [f, v] au 35e mois, [ʒ] au 47e, [ʃ] au 51e. Notable retard sur Louis.

Enfant monoglotte anglais (Pollock cité par Pérez[100], p. 301-302) : au 19e mois [g] est correctement prononcé, précédemment [d] ; au 19e mois encore confusion pour [w, f, v], d'une part, [s, ʃ, t͡ʃ, d͡ʒ] d'autre part ; ébauches de phrases au 21e mois seulement ; au 22e [t͡ʃ, d͡ʒ ,θ, ð] encore indistincts, *r* purement et simplement supprimée ; au 23e mois les groupes des consonnes sont encore réduits à consonne simple. Retard sur Louis pour plusieurs points assez importants.

§ 33. – On admet généralement que la moyenne des enfants (il faut sans doute sous-entendre : nés dans des milieux cultivés) est en possession d'une prononciation à peu près correcte vers la fin de la troisième année. Louis serait en retard d'environ cinq mois sur cette moyenne. Il est en avance sur des

---

[98] Prononciation qui substitue une consonne faible à une plus forte, zézaiement.

[99] Charles Roussey, *Notes sur l'apprentissage de la parole chez un enfant*, publiées après la mort de l'auteur dans *La Parole*, années 1899 et 1900 (l'abréviation ne se réfère qu'au volume de 1900). Charles Roussey enquête auprès de Rousselot, Maurice Grammont, Oscar Bloch, etc... pour l'*Atlas linguistique* de la région franc-comtoise. Ses travaux se centrent sur le parler de Bournois, canton de L'Isle-sur-le-Doubs, arrondissement de Beaume-les-Dames : il édite en 1894 un *Glossaire* de ce parler franco-provençal et un recueil de *Contes populaires*.

[100] « M. Pollock, avant Preyer, a essayé de systématiser, dans l'ordre phonétique en même temps que dans l'ordre logique, les premiers tâtonnements du langage. Son étude intéressante sur *Les progrès d'un enfant dans le langage* comprend la période entre le deuxième et le vingt-quatrième mois », cf. B. Pérez, *op. cit.* p. 301.

monoglottes qui ne sont ni inintelligents ni physiquement mal constitués. Je crois donc que son **retard**, si retard il y a, n'est **nullement imputable au bilinguisme**, et cette manière de voir me semble d'autre part corroborée par le fait qu'Addi, comme Louis bilingue allemand et français, à qui on a parlé *franc* comme à lui, qu'on a moins reprise que lui, avait, au témoignage de ses parents, une prononciation correcte vers la fin de sa deuxième année et distinguait [ʃ] de [s] dès ses premiers essais d'imitation du langage.

IV

EMPRUNTS DE LANGUE A LANGUE

Faits de vocabulaire

§ 34. – J'ai déjà noté (§§ 3, 4) l'introduction de mots allemands dans une phrase française, et réciproquement, suivant le degré de richesse de chacun des deux vocabulaires à différentes époques. Les faits de cette nature deviennent très rares à partir du 43ᵉ mois, où s'établit définitivement une égalité à peu près complète entre les deux langues.

On verra au § 49 que dès la fin de sa troisième année Louis cherche à avoir deux vocabulaires aussi égaux que possible et par exemple demande comment s'appelle dans une langue une chose dont il sait déjà le nom dans l'autre.

A partir du commencement de la troisième année de sa vie, quand Louis fait un emprunt de mot, ou, si l'on veut, transporte un mot d'une langue dans l'autre, il l'adapte phonétiquement ou le laisse tel quel, suivant le plus ou moins de difficulté de l'adaptation. On verra aux §§ 41 et 42 des exemples des deux cas. Je noterai ici que j'ai entendu au 46ᵉ et au 52ᵉ mois [les mots] allemand[s] *Moos* au lieu de *Schaum*, parce que *mousse* ressemble phonétiquement à *Moos* et signifie à la fois « Moos » et Schaum » ; au 50ᵉ [le mot] français *tuyau* [remplace] « chambre à air de bicyclette », parce que [le mot] allemand *Schlauch* signifie à la fois « tuyau » et « chambre à air » ; du 46ᵉ au 48ᵉ [le mot] français *vigne* [est employé] au lieu de *pré*, sous l'influence [du mot] allemand *Wiese* ; du 20ᵉ au 43ᵉ [le mot] français *vers*, au lieu de *chez* (avec mouvement, *aller vers quelqu'un*, « aller chez quelqu'un »), parce que [le mot] allemand *zu* a ces deux sens. Cf. les faits cités au § 50.

Je n'ai relevé que deux cas de substitution à un composé allemand d'un groupe de mots calqué sur un type français : au 44ᵉ mois *Gratin von dents de lion* au lieu de *Löwenzahngratin* (voir § 45 *ad finem*), au 46ᵉ *Laden von Hut* au lieu de *Hutladen*. *Laden von Hut* est une vraie traduction du [mot] français *magasin de chapeaux* : *Hut* au singulier, et non *Hüten* au pluriel, soit par croisement avec un vague souvenir de la forme correcte *Hutladen*, soit, plus probablement, parce que la prononciation française ne distingue pas *chapeaux* de *chapeau*. *Stiefelbergen* au lieu de *Bergstiefel* (48ᵉ mois) est au contraire construit comme un composé allemand, sauf interversion des termes (observée aussi chez des monoglottes allemands et anglais : *Bank-fuss, Maullöwe, mill-wind* au lieu de *Fussbank, Löwenmaull, wind-mill*, Stern, p. 359-360) ; la désinence *-en* est analogique d'après les innombrables pluriels allemands en *-en*.

Au commencement du 57ᵉ mois je note « un bonhomme qui *bat un lion mort* avec un bâton » (description d'une image où un homme attaque un lion à l'épieu) : on reconnaît immédiatement l'allemand *schlägt einen Löwen tot* ; Louis aurait dit ici en allemand *einen Löwen totschlägt*, et il est remarquable que cet emprunt de vocabulaire soit adapté à la syntaxe française : *bat un lion mort* (cf. *rend quelqu'un malade*, etc...), et non *mortbat un lion ou *un lion mortbat. A la fin du 58ᵉ **j'attends sur toi* (au lieu de *je t'attends*), calque de l'allemand *ich warte auf dich*, et *je suis fini* (au lieu de *je suis prêt*), fausse traduction de l'allemand *ich bin fertig*.

On a appris à Louis qu'il ne faut jamais dire *je veux*, *ich will*, mais par exemple *je voudrais*, *ich möchte*. Depuis le 46ᵉ mois je l'entends assez souvent me demander quelque chose, par exemple un bout de ficelle, sous la forme élégante : « Papa, j'aimerais avoir de la ficelle ». Je ne crois pas que *aimerais* soit une traduction spontanée d'un aspect sémantique de *möchte* ; il est plus probable que Louis a emprunté directement l'expression à sa mère, qui l'emploie volontiers quand elle parle français.

Du 20ᵉ au 43ᵉ mois (et même sporadiquement jusqu'au 59ᵉ) j'entends souvent le français *comment grand*, *comment loin*, calques de l'allemand *wie gross*, *wie weit*. Pour *si beaucoup* « tant » et *très beaucoup* renforcement de *beaucoup*, entendus assez fréquemment du 44ᵉ au 53ᵉ et encore jusqu'au 59ᵉ il n'y a pas nécessairement calque de l'allemand *soviel*, *sehr viel*, puisque le français fournit les modèles *si peu*, *si bien*, *si mal*, *très peu*, *très bien*, *très mal*.

§ 35. – Sauf l'accouplement de l'allemand *auch* et du français *vache* observé vers la fin du 20ᵉ mois dans [awh vat] « encore une vache », je ne remarque pas d'emprunt proprement dit pour les nombreuses particules que Louis acquiert principalement aux 18ᵉ, 19ᵉ, 20ᵉ et 21ᵉ mois, l'allemand *mehr*, *noch*, *nur*, *sehr*, *auch*, *und*, le français [ɛ'pi] < *et puis*, etc... Cela se comprend aisément. Si par exemple il veut demander en français un objet dont il ne sait le nom qu'en allemand, la relation entre la représentation mentale d'un objet matériel et celle d'un nom qui désigne cet objet étant tout ce qu'il y a de plus immédiat, le nom allemand se place pour ainsi dire de lui-même dans la phrase français, et cela d'autant mieux qu'il existe un vocabulaire commun assez étendu et comprenant des mots très importants, comme [te] « thé », [yt] « sucre », [bu'a] « biberon[101] ». Il en va tout autrement avec des particules sans signification bien nette, en tout cas sans signification concrète, avec des *Füllwörter* qui font pour ainsi dire

---

[101] Je n'ai jamais pu déterminer l'origine de ce mot. Ce n'est pas un vocable usuel de l'*Ammensprache* allemand ou français. Les enfants ne créent point de mots de toutes pièces (voir Stern, p. 338-343). Notre [bu'a], qui date de la période d'imitation, sort-il de français *boire* ? Je ne le crois pas, parce qu'au moment où Louis l'a adopté il n'entendait presque qu'en allemand des mots se rapportant à sa nourriture, à sa toilette, etc... Il me semble plus probable (cf. la fin de la note au § 24 *in fine*) que ce soit une exclamation de l'enfant exprimant la faim, une sorte de bâillement sonore causé par le même besoin : l'entourage aura interprété [bu'a] les sons émis par l'enfant, aura prononcé ainsi devant lui, et il aura répété (*convergence* des enfants et des adultes, Stern, p. 126). Cette hypothèse me semble corroborée par l'existence de *buas* dans l'*Ammensprache* des Romains : « *Buas* : potionem paruulorum ». Varro, Cato uel de liberis educandis « cum cibum ac potionem *pappas* ac *buas* uocent » (Nonius Marcellus cité par Heraeus, *Archiv für lateinische Lexikographie*, tome XIII, p. 163) (note J. Ronjat).

partie du squelette d'une langue déterminée, à peu près au même titre que des désinences nominales ou verbales : à l'époque en question, Louis disait en allemand [dɑt] < *Soldat*, ['dɑtn̩] < *Soldaten*, [man] < *Mann*, [menᵃə] < *Männer*, ['edn̩] < *regnen* ; jamais il n'a forgé un pluriel français en ['-n̩] ou en ['-ᵃə] ou avec métaphonie[102] de la voyelle tonique, ni un infinitif français en ['-n̩].

Il y a non pas emprunt, mais influence de langue à langue dans le français *vers* rapproché de l'allemand *zu* (voir § 34). Plus tard (encore au 52ᵉ mois) je note l'allemand *für schön machen* correspondant au français *pour faire joli* « pour l'ornement » (s'emploie en parlant d'objets de décoration intérieure tels que tableaux pendus au mur, vases sur une cheminée, etc..) : l'allemand *für* est employé au lieu de *um ... zu*, sous l'influence du français *pour* (cf. l'alsacien *for ze* = l'allemand *um zu*), comme le français *vers* était employé au lieu de *chez* sous l'influence de l'allemand *zu*, mais l'ordre des mots en allemand est correct, *für schön machen* et non **für machen schön*, comme dans le français **bat un lion mort* cité au § 34 ; la vraie tournure idiomatique serait d'ailleurs : *zum Schönmachen*.

Il y a une vraie traduction dans *si long que* (au lieu de *tant que*, expression que l'enfant ne connaît pas ou qu'il a oubliée), traduction adaptée à l'usage français, l'allemand *solange* étant toujours employé sans *als* dans la langue parlée. Noté au 58ᵉ mois.

Pour *facile* au lieu de *facilement*, voir § 38 *ad finem*.

Faits de syntaxe

§ 36. – M. Wundt (tome II, chapitre VII ; cf. Stern, p. 25) dit qu'en général les enfants forment dans la première moitié de la seconde année de leur vie des phrases consistant en juxtapositions de deux représentations, comme l'allemand [mama vɔt] = *Mama fort* « maman est partie, maman n'est plus ici, maman n'y est pas », [tul ap] = *Stuhl ab* « je suis tombé de ma chaise » ; les mots employés sont des noms, des particules, des infinitifs ou autres formes verbales employées d'abord sans sentiment d'une flexion, puis des formes verbales employées avec de nombreuses normalisations flexionnelles. Les faits que j'ai pu observer concordent d'une manière générale avec ces formules. La première phrase que j'ai notée, l'allemand [ɔma a'da] « grand'mère est partie » (14ᵉ mois), a dû être purement et simplement répétée telle qu'elle avait été donnée en *Ammensprache*, et je crois qu'il en a été de même pour l'allemand [pa'pa a'da bam'bam] « papa est parti en chemin de fer » (16ᵉ). Mais au commencement du 16ᵉ mois, comme j'entre pour déjeuner dans la salle à manger où il était déjà assis, Louis dit [tɛː pa'pa], qui peut signifier « je voudrais

---

[102] Transformation d'une voyelle par l'influence de la voyelle d'une syllabe proche.

boire du thé avec papa » ou « papa vient prendre son thé[103] » ; le même jour, comme je suis absent, il dit spontanément à sa mère [tat tat tat] et, comme elle ne répond rien, il explique [pa'pa a'da 'tat] « papa est allé à la ville » ; il avait souvent entendu dire *Papa ist in die Stadt gegangen*.

Les phrases de plus de deux termes sont rares jusqu'au 19e mois, à partir duquel se multiplient (cf. des faits analogues dans Stern, p. 43, 49, 87, 100, 182-185) des combinaisons comme ['ope 'hajt 'bɛnt] = *Ofen heiss brennt* « le poêle est chaud, il y a du feu dedans » (il s'est arrêté pour observer le poêle allumé et voit des charbons ardents par une porte garnie de mica), [ma'ma 'dɛte 'dawp de'mat] = *Mama Deckel drauf gemacht* « maman a mis le couvercle dessus » (elle avait fermé une boîte à dominos), [ma'ma ape'baj 'ete] = *Mama Apfelbrei essen* « maman mange de la marmelade de pommes ».

Ces deux derniers exemples montrent l'ordre sujet + régimes et compléments + verbe, mais à partir de la fin du 20e mois le verbe est à peu près aussi fréquemment placé au milieu.

Je n'ai pas noté d'exemples de phrase française avant *faire un bateau* (vers le milieu du 24e mois) dont il sera question au § 38, mais mon souvenir très net est que le développement de deux langues a été à ce point de vue très sensiblement parallèle, sauf qu'à cette époque Louis parlait beaucoup plus souvent allemand que français ; d'ailleurs [tɛ: pa'pa] est fait avec le vocabulaire commun et s'adresse indifféremment à ma femme ou à moi, et il en est de même à la même époque de [yt 'bum] « sucre boum », c'est à dire « tu as mis un morceau de sucre dans ta tasse » ou « je voudrais mettre un morceau de sucre dans ta tasse » : [yt] < français *sucre* a été adopté par toute la famille dans les deux langues, et [bum] est une onomatopée commune donnée pour « faire du bruit », spécialement» en tombant », et de là « tomber ».

§ 37. – *Rouge vin* au 30e mois, *profond trou* au 35e, *foncé vert* au 43e et *bleus radis*[104] au 44e (fautes assez fréquentes à cette époque, mais je ne les ai plus entendues depuis le 45e mois, sauf une fois *un violet livre*[105] au 48e et une fois *neuf tuyau*[106] au 50e) ne sont pas nécessairement des calques de l'allemand *Rotwein, tiefes Loch, dunkelgrün, blaue Radieschen*. Un enfant monoglotte de ma famille a dit très longtemps *des noirs souliers*. Le français n'a pas un ordre fixe pour l'adjectif et le substantif, et un enfant ne peut pas se rendre compte des raisons d'ordre complexe qui font coexister *petit cheval* et *cheval blanc*, *nouveau jouet* et *chapeau neuf*, *mon seul ami* et *wagon des dames seules*, etc...,

---

[103] Les premiers mots qu'emploient les enfants désignent souvent ou même en général, plutôt qu'un objet déterminé, le désir de posséder cet objet, l'impression qu'il fait, une action quelconque pouvant le concerner, etc... ; cf. Stern, p. 141-142 (*note J. Ronjat*).

[104] Radis très savoureux à peau violette, spécialité de la culture maraîchère aux environs de Vienne [sur le Rhône : la patrie de Ronjat] (*note J. Ronjat*).

[105] Un livre relié avec dos en basane violette (*note J. Ronjat*).

[106] Cf. § 34 (*note J. Ronjat*).

pour ne citer que des groupes qu'il a l'occasion d'entendre et peut comprendre. Comme la réciproque existe, bien que très rare (je n'ai noté que *Wein rot*, pour *Rotwein*, quelquefois autour du 31ᵉ mois), je crois cependant que pour Louis il faut admettre une influence de langue à langue expliquant l'allemand *Wein rot*, contribuant à expliquer et rendant particulièrement fréquent le français *rouge vin*, etc…

La fixité de la place de l'adjectif en allemand explique la rareté de la faute *Wein rot*, qui n'a pas comme *rouge vin* un modèle dans la langue correcte, et l'on conçoit ainsi comment la faute de construction est infiniment plus fréquente en français qu'en allemand, bien que je l'aie constamment corrigée, ce que ma femme n'a pas toujours fait pour l'allemand, et bien que d'autre part, à l'époque considérée ici, le français ait eu chez Louis une situation prédominante (voir § 4).

§ 38. – Je ne vois aucune raison décisive pour attribuer *était nagé* (46ᵉ mois) à l'influence de l'allemand, *war geschwommen*, le français ayant *était allé*, *était venu*, etc…

Dès qu'il sait pratiquer la flexion verbale Louis peut se rendre compte de la place que dans des groupes comme *wenn lier Bubi lieb ist*[107] sa mère attribue au mot *ist* qu'il connaît déjà pour l'avoir entendu et employé lui-même à une autre place dans *der Bubi ist lieb*[108]. Cependant il dit très fréquemment *wenn der Bubi ist lieb*, et je note encore au 39ᵉ mois *wie der Papa war so klein*, au 40ᵉ *damit er kann auch machen* (voir § 62), au 48ᵉ *wenn du vormittags hast einen fürchterlichen Hunger, dann nimmst du dir eins*[109] (il fait cadeau de dragées à sa mère). Cette faute n'est pas rare chez des enfants allemands monoglottes, non plus que d'autres analogues ou inverses (voir Stern, p. 70, 74, 110, 190-193). Je n'ai jamais relevé la faute correspondante en français (cf. *bat… mort*, et non **mortbat*, § 34), et cela se conçoit, le français donné présentant par exemple *quand Lolo est gentil* avec le même ordre de mots que *Lolo est gentil*. L'influence du français me paraît en résumé inutile pour expliquer la position incorrecte du verbe allemand en hypotaxe[110].

L'influence allemande me semble au contraire évidente dans *un bateau faire* que j'entends au commencement du 26ᵉ mois, après avoir noté deux mois auparavant *faire un bateau*. Je corrige, et Louis répète plusieurs fois *faire un bateau* ; trois semaines s'écoulent, pendant lesquelles je ne note pas de faute nouvelle dans ce groupe ou dans un autre analogue, mais alors j'entends encore *boum faire* (*faire boum* « faire du bruit » ou « retomber » ou « faire tomber ».)

---

[107] Quand le petit est gentil (*note J. Ronjat*).
[108] Le petit est gentil (*note J. Ronjat*).
[109] Si tu as le matin une faim effroyable, tu en prendras une (*note J. Ronjat*).
[110] L'hypotaxe, souvent caractéristique du discours écrit, consiste en une multiplication inhabituelle de connecteurs logiques et de subordinations enchâssées dans une même proposition. Son contraire, la parataxe, est caractéristique du discours oral.

La faute, que je corrige toujours, devient rare, mais persiste longtemps : je note encore au 40ᵉ mois *je veux mes pantoufles mettre*, au 46ᵉ *sur ce chemin on peut facile marcher*, où l'on remarquera en outre facile employé adverbialement (l'allemand emploie tous ses adjectifs ainsi, le français connaît *sentir bon, mauvais, marcher droit, parler haut, bas, boire sec, s'ennuyer ferme* et quelques autres tournures analogues), au 48ᵉ *maman sait de très jolies choses peindre*. Sa persistance a pu être favorisée par la coexistence en français des deux types *faire un bateau, mettre mes pantoufles, marcher facilement*, etc.... et *le faire, les mettre, bien marcher*, etc... Je remarque d'autre part que la faute correspondante *für machen schön* ne se présente pas en allemand (voir § 35 *ad finem*), sans doute parce que la place des régimes et des compléments dans les groupes de cette nature est infiniment plus fixe en allemand qu'en français. Ce qui me fait attribuer à une influence allemande l'origine des tournures *un bateau faire*, etc..., c'est qu'elles ont commencé à apparaître avant que Louis n'employât beaucoup en français les pronoms atones et autres mots syntaxiquement faibles qui se placent devant le verbe.

V
CONSCIENCE DU BILINGUISME

§ 39. – J'ai cru pouvoir caractériser la méthode employée pour apprendre simultanément deux langues à mon fils et l'effort intellectuel exigé de lui dès le principe en disant qu'il devait, s'il voulait du pain, dire *Brot* à sa mère ou *pain* à son père (§ 1). C'est ce qu'il a fait dès les débuts du langage articulé conscient. Deux collections de plus en plus étendues de vocables se sont constituées avec le sentiment que l'une est applicable à maman, à la grand'mère, à certains parents, amis et domestiques, l'autre à papa et à d'autres parents, amis et domestiques. Partant ainsi d'un état tout concret, ce sentiment s'est progressivement affiné jusqu'à la conception abstraite de langue même au cas où il s'agit de groupes de phonèmes que l'enfant ne comprend pas, qu'il n'entend pas émettre comme un moyen de communication entre deux personnes qui les comprennent, qu'il m'entend émettre, moi seul avec lui, comme une citation de quelque chose d'inintelligible où il sent néanmoins du langage articulé comparable aux groupes de phonèmes allemands et français qui lui sont familiers, et d'où il ressent en outre de naïves impressions esthétiques (voir §§ 53-55).

Sentiment des correspondances phonétiques de langue à langue

§ 40. – Avant d'examiner un peu en détail l'évolution de ce sentiment du bilinguisme, je vais rassembler à part ce qui concerne spécialement une de ses manifestations les plus intéressantes, l'aperception de **correspondances phonétiques** de l'allemand et du français et réciproquement, laquelle n'a pu se développer que quand l'usage des deux langues a comporté des vocabulaires assez étendus pour que l'attention de l'enfant fût éveillée sur les différences de prononciation dans des couples de mots de même sens de vocabulaires différents présentant des ressemblances de structure (cf. §§ 7-8).

M. Grammont (p. 79-81) avait déjà noté des adaptations phonétiques fort intéressantes chez l'un des deux enfants observés par lui et remarqué « avec quelle pénétration cet enfant à deux ans distinguait le langage correct et grave du langage enfantin, si bien qu'à cette époque, où il était parvenu à prononcer tout d'une façon irréprochable, il s'est refait un nouveau langage pour parler avec sa sœur ou pour faire le câlin avec les grandes personnes. » Pour ce langage refait l'enfant emprunte le principal à sa sœur et des éléments accessoires à d'autres enfants ; il ne reproduit pas exactement le principal emprunté, mais donne par exemple une extension nouvelle à un phénomène particulièrement frappant. « A l'âge de deux ans Robert prononçait très bien les *r* dans toutes les positions : il n'en supprimait plus aucun et n'en remplaçait aucun par *l* sauf celui de [pa'lɛm] ». Ce mot, qui signifie « parrain », présente un cas particulier d'emprunt d'un enfant à l'autre qui est étudié par M. Grammont (p. 78-79). « A ce moment sa petite sœur s'est mise à parler, et il a souvent imité, pour se mettre à son niveau, son langage qui lui paraissait enfantin. Ce qui l'avait le plus frappé, c'est le changement de *r* en *yod*. » Par la structure de ses mots, tous trisyllabiques avec syllabe tonique au milieu, voyelle prétonique et syllabe posttonique finissant sur une voyelle, par exemple [a'tyja] < *voiture*, le langage de la petite sœur ne pouvait présenter qu'entre voyelle un yod correspondant à une *r* donnée (p. 76). « Il a immédiatement pris cette prononciation, non seulement pour les mots où il pouvait l'entendre chez sa sœur, mais, ayant un vocabulaire beaucoup plus considérable que cette dernière, il l'a étendue à tout *r* intervocalique ou final, sans aucune exception : ... [pa'ji] < *Paris*, ... [pa'tɛj] < *par terre*, [fœj] < *fleur*. De cette dernière forme est née chez sa sœur la confusion des deux mots *fleur* et *feuille*, qu'elle a gardée jusqu'à deux ans et demi. »

§ 41. – Louis a commencé à établir ses correspondances phonétiques à peu près au même âge que Robert. Avait-il à résoudre un problème plus difficile que ce dernier ? Oui et non. L'allemand et le français sont plus nettement distincts qu'un français correct et un français enfantin, donc l'attention peut être plus vivement éveillée. Mais d'autre part ils présentent beaucoup moins de points de contact que deux variétés de français entre des mots de même sens ou de structure semblable : l'attention de Robert était éveillée par un contact sémantique à peu près constant et un parallélisme de structure souvent très frappant. Enfin, il faut observer que chez Robert il s'agit en somme d'un simple jeu, puisque sa sœur comprend le français correct de ses parents, tandis que Louis sent le besoin de combler d'une manière quelconque les lacunes de ses vocabulaires : beaucoup de personnes de son entourage immédiat savent le français et l'allemand, mais il en est aussi qui ne connaissent qu'une seule de ces langues. On conçoit dont immédiatement que les adaptations phonétiques ont chez lui une durée beaucoup plus considérable ; d'ailleurs, chez Robert, elles ne peuvent guère se prolonger longtemps au-delà de l'époque où la « petite sœur » acquiert une prononciation correcte et où par conséquent il n'a plus à « se mettre à son niveau » en imitant son langage enfantin.

J'ai noté au 27ᵉ mois deux adaptations en sens inverse. Louis me montre un oiseau dans un livre d'images et veut le nommer en français, mais *oiseau* ou *poulet* ou tout autre mot analogue manque à son vocabulaire, ou n'est momentanément pas présent à l'esprit : il dit [ti'tã], avec adaptation nasale[111], sur le modèle de mots connus comme le français [tãt] < *tante* = l'allemand ['tante] < *Tante*, de son mot allemand [ti'tan], donné en *Ammensprache* sous les formes

---

[111] Le sentiment d'une ressemblance phonétique, à l'intérieur d'une même langue, entre voyelle nasale et voyelle + consonne nasale se manifeste dans [œ̃ dœⁿ] cité au § 43 (*note J. Ronjat*).

Tipp Hahn, Tipptipp Hühnchen, etc... à l'époque des assimilations (voir § 13). Parlant à sa mère et ne sachant pas comment dire « tourner », il construit [turnn̩] parce que la plupart des mots dont il se sert pour désigner une action, un état, un rapport, sont des dissyllabes qui en français ont l'accent sur un [e] final de la seconde syllabe et qui en allemand ont l'accent sur la première, la seconde finissant sur [n̩], types français [turˈne] < *tourner*, allemand [maxn̩] < *machen*.

De même au 28ᵉ mois le français [papeˈmɛ̃t] adapté de l'allemand [papeˈment] < *Kaffeemensch*, au 33ᵉ l'allemand [ˈmuʃn̩] adapté du français [muˈʃe] < *moucher*. *Kaffeemensch* désignait le livreur de café, personnage des plus importants, remarquable par une sorte d'uniforme verdâtre comportant une casquette plate, et Louis n'a pas manqué d'appeler [papeˈment] des officiers allemands, russes, etc... représentés coiffés de casquettes plates dans des journaux illustrés. On remarquera que [ˈturnn̩] et [ˈmuʃn̩] sont construits comme les emprunts anciens du germanique au latin ou au roman : latin *damnare* > vieil allemand > -*damnön* > allemand -*dammen*, italien *tastare* ou vieux français *taster* (français *tâter*) > moyen allemand et allemand *tasten*, vieux français *priser* > moyen allemand *prisen* > allemand *preisen*, etc...et précisément, mais avec un autre sens, le mot qui nous occupe ici, le français *tourner* > allemand *turnen* « faire des tours, des exercices de gymnastique ». Louis n'a jamais construit de son chef un verbe allemand en -*ieren* d'après un verbe français en -*ir* ou en -*er* ; tous ceux qu'il possède, *sortieren, reparieren, arrangieren*, etc... lui ont été donnés tels quels en allemand.

§ 42. – Les adaptations marquées ont été de tout temps assez rares et le deviennent encore plus quand l'accroissement des deux vocabulaires les rend inutiles. Les noms propres qui n'ont pas une double forme, comme le français *Rhône* [ron], l'allemand *Rhone* [ˈrone], puis [ˈronə], sont laissés tels quels, avec leur prononciation indigène, quelle que soit la langue du contexte : *Hermine* est prononcé même dans une phrase française [hɛrˈmiːnə], et non [erˈmĭn] comme prononcent nos parents de langue française ; *Saugrain* est prononcé même dans une phrase allemande [soˈgrɛ̃], et non [soˈgren] ou [soˈgren] qui ferait pendant à [tiˈtã] et à [aprɔbaˈsjõ] ; *Donner* est un cas à part, nom propre pris pour un nom commun (voir § 51). Pour les noms communs, voici les seules adaptations que j'aie notées à partir du 39ᵉ mois, époque à laquelle devient particulièrement net le désir de posséder deux vocabulaires égaux (voir § 49).

Au 45ᵉ mois Louis entend *Approbation* [aprɔbaˈt͡sjɔn] dans une phrase en allemand que j'adresse à sa mère ; immédiatement il me demande : « Qu'est-ce que c'est, *approbation* ? » en donnant au mot la prononciation française [aprɔbaˈsjɔ]. Au 47ᵉ il parle en allemand de ses [goˈbijn̩] : c'est le mot local *gobilles* (à Paris *billes*) muni d'une désinence allemande de pluriel. Au 48ᵉ il parle « d'une lettre bleue avec une marque rouge », et un jour il me demande « une marque rouge » pour affranchir une lettre (voir encore *l'oncle Marc* au § 51) : *marque* [mark] adapté de l'allemand *Marke* [markə] « timbre » (entendu encore à la fin du 58ᵉ mois). Au 53ᵉ, comme j'arrange le feu du salon, il observe : « Il y a beaucoup d'ache » : *ache* [aʃ] adapté de l'allemand *Asche* [aʃə] « cendre ».

Il faut remarquer que certains mots peuvent être laissés tels quels parce qu'ils ont une physionomie indifférente. Tels seraient par exemple le cas du français *fil* qui pourrait passer tel quel en allemand, de l'allemand *Lamm* qui pourrait passer tel quel en français, ces mots ne présentant que des phonèmes et combinaisons de phonèmes d'usage courant dans les deux langues. Tel est le cas de la *corne* pour faire du pain (§ 50 *in fine*). Mais il y a une adaptation dans le cas suivant : au 47ᵉ mois [klat] < *lisse* dans une phrase française, avec une sourde forte [k] correspondant à la sourde douce de l'allemand *glatt* prononcé [k̦lat]. Enfin quelques mots rebelles à l'adaptation sont laissés tels quels : ainsi au 41ᵉ mois, comme je fais remarquer à ma femme des fleurs qui ont épanoui dans un vase où on les avait mises en boutons, Louis incorpore le mot qu'il vient d'entendre dans une phrase en allemand, *aufgeblüht*, à la phrase française : « Je veux voir si elles sont aufgeblüht ». C'est en somme un procédé qu'emploient parfois les grandes personnes quand un mot leur échappe momentanément.

Vers la fin du 58ᵉ mois, voyant une teigne qui volette autour de la lampe, Louis me dit : « Tiens ! voilà un de ces petits papillons, tu sais… comme celui que nous avons vu hier. » Il connaît le nom allemand, *Motte* ; quelques mois auparavant il l'aurait francisé en [mɔt] comme [aʃ] < *Asche*. Nous sommes à la dernière de trois étapes intéressantes pour la conscience du bilinguisme :

1ᵉ Emprunts de mots laissés tels quels. L'enfant a besoin d'un mot ; en général il possède son vocabulaire par couples de formes ; ici manque la forme applicable à la personne à qui l'enfant s'adresse ; il emploie l'autre à tout hasard.

2ᵉ Adaptations ; la première que je note date du 27ᵉ mois. L'enfant sait dès le 20ᵉ (§ 46) qu'il possède des couples de mots ; ne trouvant dans sa mémoire qu'un membre d'un couple donné, il forge l'autre d'après certaines correspondances qu'il a remarquées.

3ᵉ La mémoire est mieux meublée et le sens linguistique est plus affiné (entre le milieu et la fin de la cinquième année). Des corrections du type « [aʃ] ? ah ! oui, tu veux dire *cendre* » montrent à l'enfant que ses adaptations ne produisent pas en général des mots corrects. Il demande le membre qui lui manque dans un couple (et cela même dès la fin de la troisième année, cf. § 49) ou procède par définition (exemple plus haut pour *Motte*).

Période de la notion concrète et prodromes de la notion abstraite de langue

§ 43. – Sous réserve des lacunes de vocabulaire qui sont comblées, suivant les circonstances et les époques, par acquisition de mots nouveaux, par emprunt de langue à langue avec adaptation, par emprunt sans adaptation ou par définition,

Louis possède – au moins à l'état embryonnaire aux débuts du langage articulé conscient – deux collections de vocables correspondant aux deux sections de son entourage. Du 13ᵉ au 16ᵉ mois il n'a presque que des mots du vocabulaire commun issus d'onomatopées ou donnés en *Ammensprasche.* Mais dès le 16ᵉ se manifestent nettement l'existence de **deux collections** et leur **usage distinct** : s'il veut une croûte de pain, il dit [bɔp] < *Brot* à sa mère et [pa] < *pain* à son père ; au 20ᵉ, sa mère lui demandant « Was hat papa im Mund[112] ? » il répond ['fajpe] < *Pfeife,* et comme je renouvelle immédiatement la question en montrant ma pipe et en demandant « Qu'est-ce que c'est que ça ? » il répond [pip] ; il aurait pu donner plus souvent une double réponse analogue, et sans doute le faire plus tôt, mais nous avons toujours réduit au strict *minimum* toutes les expériences qui, à tort ou à raison, nous faisaient craindre la plus légère fatigue cérébrale chez un petit enfant. Vers le 20ᵉ mois Louis se rend nettement compte qu'il sait moins de français que d'allemand (cf. § 3 *in finem*).

Naturellement il ne s'agit là de rien qui ressemble à une **traduction.** Chez un enfant monoglotte il y a liaison entre la représentation visuelle d'un objet, la représentation mentale d'une qualité, d'une action, etc… et la représentation mentale d'un mot pour désigner cet objet, cette quantité, cette action, etc… Chez le nôtre il y a double liaison entre la représentation visuelle d'un objet, la représentation mentale d'une qualité, d'une action, etc… d'une part et la représentation mentale de deux mots d'autre part, et l'un ou l'autre élément de cette double liaison fonctionne suivant la personne à laquelle l'enfant s'adresse par exemple pour demander un objet qu'il désire, pour décrire une qualité qui le frappe, pour exprimer une action qu'il voit ou qu'il veut accomplir.

Il n'y a aucune traduction dans le cas suivant. Au début du 14ᵉ mois, je donne une croûte de pain à Louis en lui disant : « Dis *papa* ». Il répète [pa'pa] correctement. « Dis *merci* ». Il dit ['daŋə] comme quand on lui dit en allemand : « Sag mal[113] *danke* ». Un mois environ après, un autre « Dis *merci* » est suivi de ['dante] qui a remplacé l'ancien ['daŋə] (cf. §§ 13, 16). L'émission de ce mot fait partie d'une sorte de rituel institué par la partie allemande de la famille, rituel que l'enfant accomplit très volontiers, la chose l'amusant comme un jeu. Quand il désire un objet, il doit le nommer ou le montrer en faisant *bitte, bitte,* c'est-à-dire en frappant une de ses mains contre l'autre ; il reçoit l'objet : il doit dire *danke.* L'indigence de son vocabulaire fait qu'il montre bien plus souvent qu'il ne nomme, de sorte que les deux premières phases du rituel se passent le plus souvent sans qu'il parle, et que l'ensemble n'éveille pas en lui l'idée nette de langage ; d'ailleurs je n'ai pas exactement suivi le rituel, je n'ai pas dit à Louis une phrase française qui corresponde à l'allemand « Mach *bitte bitte* », et je lui ai demandé le mot *papa,* qui est du vocabulaire commun ; ayant reçu l'objet qu'il désirait et m'entendant lui demander un mot nouveau pour lui et qu'il ne

---

[112] Qu'est-ce que Papa a dans la bouche ? (*note J. Ronjat*).

[113] Dis voir (*note J. Ronjat*).

sait pas articuler, il remplace ce mot par celui qu'il est habitué à émettre dans la même phase du rituel. Il n'est parvenu à articuler [mɛ'ti] qu'à la fin du 16ᵉ mois ; à partir de ce moment il ne m'a plus jamais dit ['dante], et il n'a jamais dit [mɛ'ti] à sa mère.

['dante] sur ma demande de dire *merci* est le premier **emprunt** de vocabulaire que j'aie noté. En voici un autre, pour lequel l'enfant n'avait pas de secours extérieur d'un rituel où remplir un vide. Je l'ai noté à deux reprises. Au 15ᵉ mois Louis est souvent assis dans une chaise munie d'une large tablette qui s'étend devant lui ; sur les côtés de cette tablette courent deux tringles où sont enfilées des boules colorées. Il a souvent entendu dire, en montrant les deux premières boules d'une rangée, en français *un deux* et en allemand *eins zwei* ; il a souvent répété en français [œ̃ dœⁿ], en propageant au second mot, à l'état d'appendice faiblement articulé, l'élément nasal du premier. Il possède [œ̃] et, par conséquent il peut répéter exactement *un* ; entendant *deux* avec un [ø] qu'il ne possède pas, il répète avec le phonème le plus approchant dans sa collection, [œ] ; la force de propagation de l'élément nasal contenu dans *un* ne va pas jusqu'à faire naître [*dœ̃], qui serait trop différent de [dø] entendu. Il a rarement essayé de produire quelque chose qui ressemble à l'allemand *eins zwei* et n'est jamais parvenu à rien de satisfaisant. Or deux fois, l'une au milieu du 15ᵉ mois et l'autre au commencement du 16ᵉ, et les deux fois longtemps après avoir répété [œ̃ dœⁿ] ou cherché à répéter quelque chose d'après *eins zwei*, il dit [œ̃ dœⁿ] en entendant sa mère dire *eins zwei drei*. Il se rend donc compte que *un deux* et *eins zwei* se correspondent, et il remplace par la dénomination qui lui est familière celle qu'il n'a pas encore réussi à répéter.

§ 44. – C'est « maman » et « papa » qui sont les aboutissants stables, permanents du double jeu de liaison entre les concepts et les mots. Il y a « la langue de maman » et « la langue de papa », ou plutôt, pour exprimer les choses d'une façon **concrète**, telles que Louis les conçoit et telles que nous les lui avons constamment présentées, on lui parle « comme maman » ou « comme papa », et il parle à quelqu'un « comme à maman » ou « comme à papa » : encore au 39ᵉ mois, ayant oublié le mot *Weihnachten*, il demande à sa mère : « Wie nennt die Mami *Noël* ?[114] » (Cf. la question à moi adressée au 37ᵉ : « Comment tu dis, toi ? » § 49 *ad finem*). Nous avons systématiquement évité toute expression, telle que *langue*, *français*, *allemand*, *Sprache*, *französisch*, *deutsch*, reposant sur une abstraction même très élémentaire, et par exemple quand une bonne française prenait la place d'une Allemande l'enfant a toujours entendu « tu lui parleras comme à papa », et non « il faudra lui parler français » ; mais il a entendu au moins depuis le 28ᵉ mois d'autres personnes employer les expressions *en français*, *en allemand* (cf. § 49), et des amis ou des domestiques dire en parlant de lui : « Il sait le français et l'allemand ».

---

[114] Comment est-ce que maman appelle Noël ? (*note J. Ronjat*).

Au commencement du 28ᵉ mois une *Fräulein* remplace auprès de Louis notre ancienne cuisinière allemande, remplacée elle-même par une Française et faisant provisoirement office de bonne d'enfant. Comme il avait toujours eu une Allemande auprès de lui, nous avions jugé inutile de lui dire comment il devrait parler à *Fräulein*, et nous pensions que de lui-même il lui parlerait comme il parlait à celle dont elle prenait la place. *Fräulein* arrive tard dans la soirée et donne ses soins à l'enfant le lendemain matin. Il lui parle français, – sans doute parce qu'il a remarqué que les nouvelles connaissances qu'il fait, parents, amis qu'il voit pour la première fois, cuisinière française entrée à la maison à la place d'une Allemande qui y était depuis plus d'un an, sont depuis assez longtemps régulièrement de langue française. Nous avons beau lui répéter qu'il faut « parler comme à maman », toute la journée il emploie le français avec une préférence marquée. Mais la nuit porte conseil – il a pu du reste observer que son interlocutrice parle beaucoup plus facilement « comme maman » que « comme papa » – et le second jour il ne parle plus qu'allemand. Même, généralisant à tort l'indication que nous lui avons donnée, il se met à parler aussi allemand à la cuisinière ; comme celle-ci n'en comprend pas un mot, l'erreur dure peu, cf. § 47.

§ 45. – Si le vocabulaire des enfants est d'abord très peu étendu, « c'est que les mots qu'on leur adresse sont en réalité fort peu nombreux et toujours les mêmes ; quand les grandes personnes parlent entre elles devant eux, les jeunes enfants ne comprennent pas ce qu'on dit et ne retiennent à peu près rien. Ils sont dans la même situation que celui qui voyage dans un pays étranger dont il sait mal la langue : il peut saisir et comprendre des mots isolés, mais une conversation entre indigènes lui échappe totalement » (Grammont, p. 81). Le nôtre a commencé vers le 30ᵉ mois à franchir cette première période : alors il attrape au vol dans la **conversation des grandes personnes** des mots qu'il répète en prenant souvent un petit air malin. A partir de trois ans il suit assez bien une conversation sur des sujets simples bien connus de lui et fait son profit d'observations qui ne lui sont pas directement adressées. Voici des exemples notés au 38ᵉ mois. A table, parlant à sa mère, il dit *für mir* ; je dis à ma femme : « Er darf nicht *für mir* sagen[115] », sur quoi il dit immédiatement *für mich* : il a pris de suite l'observation pour lui et a substitué à la forme fautive une forme correcte, donnée précédemment, et non au moment même, car j'avais dit « Er darf nicht *für mir* sagen », et non « Er soll *für mich* sagen[116] ». Une autre fois, parlant à sa mère, il glisse le mot *champignons* dans une phrase allemande ; je dis à ma femme : « Er darf nicht *champignons* sagen, wenn er deutsch spricht[117] », sur quoi il dit immédiatement *Pilze* : même remarque, substitution de

---

[115] Il ne faut pas qu'il dise *für mir* (*note J. Ronjat*).
[116] Il devrait dire *für mich* (*note J. Ronjat*).
[117] Il ne faut pas qu'il dise *champignons* quand il parle allemand (*note J. Ronjat*).

vocable donné précédemment, car je n'ai pas dit « Er soll *Pilze* sagen[118]». Au 44e mois il parle à sa mère d'un *Gratin von dents de lion* ; nous disons *Gratin* en allemand, ne connaissant pas de terme indigène pour cette préparation culinaire essentiellement romane, et même particulière à une aire assez restreinte autour du Dauphiné, mais nous disons toujours *Löwenzahn* « dent de lion » (à Paris *pissenlit*), aussi je dis à ma femme : « Er darf nicht sagen *dents de lion*, wenn er deutsch spricht[119] », sur quoi il me demande immédiatement : « Comment ? » et, suivant mon habitude invariable, je réponds : « Demande à maman ». Je n'ai jamais voulu lui donner de mots allemands, mais il sait parfaitement que je pourrais le faire, sa question le prouve, comme aussi une exclamation comique dont quelques jours après il émaille une conversation entre ma femme et moi : m'entendant dire *immer*, il relève ce mot : « Immer ? nicht zu glauben[120] ! »

§ 46. – La **conscience** de posséder **deux vocabulaires distincts** s'est nettement manifestée dès le 20e mois : Louis montre son œil en disant [œj 'awde] < *œil Auge* ; apercevant d'une fenêtre un bateau sur le Rhône il dit de lui-même [fit ba'to] < *Schiff bateau* ; dans les deux cas les deux mots se suivent sans intervalle appréciable. Vers la fin du 30e mois, à table, il ponctue la conversation entre ses parents de *oui, ja*, articulés sans intervalle appréciable, avec un sourire marquant qu'il croit dire quelque chose de très fin.

Ces exercices spontanés ont préparé l'enfant à **transmettre** dans **une langue** des messages donnés ou des récits entendus dans **l'autre**. Dès le 21e mois ils ont pris une forme plus développée que dans les exemples précédents : se trouvant à la campagne chez des parents de langue française, entouré par notre cuisinière allemande, que nous avons emmenée avec nous pour servir de bonne d'enfant, et par des domestiques français de ces parents, il dit quelque chose en allemand à cette cuisinière, puis, considérant sa communication comme d'importance, il la répète en français aux autres domestiques. Au 26e mois nous emmenons la même cuisinière chez d'autres parents ; elle comprend mal le français, et nos parents ne savent pas un mot d'allemand : ils envoient Louis, en l'absence de ma femme et de moi, demander à sa bonne d'apporter du lait, d'allumer la lampe, etc… ; le message donné en français, et consistant soit en un mot seul, soit en une phrase très simple, est irréprochablement transmis en allemand.

Voici un exemple de phrase un peu plus longue, transmise au commencement du 30e mois. Comme Louis entre dans mon cabinet de travail à un moment où il n'y fait pas assez chaud pour lui – ou j'imagine ce moyen de le renvoyer gentiment –, je lui dis : « Non, ne reste pas ici, il fait trop froid, va voir Deda » (nom familier de *Fräulein*). Il s'en va immédiatement faire ce rapport : [pa'pa 'çimǝ^r iç çu ajt] = *Papas Zimmer ist zu kalt*[121].

---

[118] Il devrait dire *Pilze* (*note J. Ronjat*).
[119] Il ne faut pas qu'il dise dents de lion quand il parle allemand (*note J. Ronjat*).
[120] Toujours ? incroyable ! (*note J. Ronjat*).
[121] La chambre de papa est trop froide (*note J. Ronjat*).

Les transmissions en sens inverse, d'allemand en français, sont également fréquentes et aussi bien exécutées, par exemple quand sa mère l'envoie me demander quelque chose ; je ne retrouve dans mes notes aucun exemple textuel, mais mon souvenir général est parfaitement net.

Louis continue d'ailleurs à manifester son bilinguisme par pur amusement ou pour sa satisfaction personnelle, comme dans [œj 'awde] ou [fit ba'to] quand il peut construire de véritables phrases : ainsi au 43ᵉ mois, ayant dit à sa bonne : « Maria, apporte-moi mon fusil », il court vers sa mère et lui fait rapport : « Maria, bring mir mein Gewehr, hab ich gesagt ». Même quand il sait pertinemment que ses parents sont bilingues, il continue, à table, à m'informer en français que maman vient de dire telle ou telle chose, et cela parfois même quand ma femme s'est adressée directement à moi ; comme nous parlons toujours allemand ensemble à moins de présence d'un tiers ignorant cette langue, il ne se produit de transmissions en sens inverse que pour des choses que j'ai dites en m'adressant spécialement à lui.

§ 47. – Comme sa mère lui parle toujours allemand et son père toujours français (cf. § 1), l'idée de langage est liée chez Louis à celle d'individu, et l'on peut s'attendre à quelque étonnement de sa part en présence d'une personne qui parle **alternativement les deux langues** en s'adressant à lui. Comme d'autre part la méthode suivie l'a habitué à entendre une prononciation correcte dans les deux langues, et qu'il a une bonne oreille, une **prononciation défectueuse** doit évidemment le choquer.

A la fin du 27ᵉ mois Louis sait déjà que ses parents sont bilingues (cf. § 49), mais nous n'avons presque jamais fait d'interversion de langues en lui parlant. A ce moment arrive à la maison un de nos amis d'Allemagne qui vient passer deux ou trois jours chez nous. Il parle couramment français, mais avec un accent allemand assez marqué. Nous n'avons pas pensé à le prier de ne parler qu'allemand, avec notre enfant, et, seul avec lui, il lui parle alternativement allemand et français Louis en conçoit une grande défiance, et il lui faut presque une journée entière et des objurgations répétées pour qu'il consente à causer gentiment *mit dem lieben Onkel*[122]. Désormais il sait que ce genre de bilinguisme nouveau pour lui n'a rien en soi de répréhensible, et quelques jours après sa nouvelle *Fräulein* (cf. § 44 *in fine*) ne lui inspire aucune inquiétude. Il passe même sur sa prononciation française défectueuse, sans doute parce qu'elle vient pour le soigner, que dès son arrivée elle est de la maison. Mais au 40ᵉ mois une dame de nos amies, qui ne le voit pas très souvent, mais qui est bien connue de lui, et qui lui a toujours parlé français, le rencontrant à la promenade, l'aborde et se met à lui parler un allemand vraiment informe : il ne répond rien, tourne le dos à la dame, et toutes les objurgations de sa bonne ne peuvent pas le

---

[122] Avec ce brave oncle. En Allemagne, on appelle « oncles » des enfants les amis des parents (*note J. Ronjat*).

décider à répondre et à tendre la main comme il en a l'habitude. Cependant il parle déjà alternativement français et allemand avec Addi (cf. § 5), et au 43e mois il fait de même, sans manifester ni surprise ni embarras, avec une autre dame de nos amies, demeurant à Paris, que nous voyons très rarement ; elle lui avait adressé la parole alternativement dans les deux langues, qu'elle parle à peu près également bien.

Louis ne m'a jamais à proprement parler adressé la parole en allemand. Une fois à ma connaissance il s'est adressé en français à sa mère, au 39e mois, sans doute par pure inadvertance : elle a immédiatement rectifié le mouvement, et il a continué sa communication en allemand sans faire aucune observation. Peu de temps auparavant, parlant à sa mère, il avait employé un mot français dans une phrase allemande et sur mon observation : « Il ne faut pas parler comme ça à maman, mais seulement à papa », il avait immédiatement demandé à sa mère : « Wie heisst es ?[123] » et complété mon observation en ajoutant : « Et aussi à Marguerite, et aussi à Maria » (la cuisinière et la bonne).

Il sait que ses parents sont bilingues (cf. § 49), et par exemple il ne s'étonne en aucune façon si je chante devant lui en allemand, même si nous sommes tous deux seuls, mais il continue à cultiver également les deux langues et à les employer d'une manière distincte suivant la personne à laquelle il s'adresse[124]. Une confusion commise par sa mère le choque. Au commencement du 31e mois, sa mère l'invitant à faire *pipi* et glissant ce mot français dans une phrase en allemand, il dit : « Nein, das ist nicht richtig, das heisst [a'a][125] ». Vers le milieu du 36e il demande à sa mère le nom d'un plat que la cuisinière vient d'apporter : « Mami, das heisst ? – *Gratin de courge*. – Nein, das heisst *Kürbis* ».

Il lui arrive aussi de se corriger lui-même. Ainsi au milieu du 26e mois, à la campagne, il raconte à sa mère que je suis allé me promener avec une de mes nièces dans la *montagne* pour ramasser des champignons, et complète immédiatement son récit ainsi : [mõ'taŋ, daç hajçt 'bɛrt]. Ce n'est pas, je crois, qu'il pense que sa mère n'a pas compris le mot français *montagne* qu'il a glissé dans sa phrase en allemand, encore tout plein du souvenir de ce que je lui avais dit en le quittant ; c'est plutôt la correction spontanée d'une inadvertance dont il s'aperçoit. Pour *champignons*, il n'a pas à traduire ou à corriger : le mot est d'usage courant en allemand au sens spécial de *Psalliota aruensis*, et Louis ne

---

[123] Comment ça s'appelle-t-il ? (*note J. Ronjat*).

[124] M. l'abbé Rousselot, bilingue de naissance, n'a jamais, jusqu'à l'âge de cinquante ans, parlé à sa mère que le patois de Cellefrouin ; il ne lui est jamais venu à l'idée d'employer le français en s'adressant à elle. Il parlait toujours français à son père ; quand il avait commencé une conversation en français avec son père, il la continuait en patois s'il adressait ensuite la parole à sa mère, et inversement. – Communication verbale de M. l'abbé Rousselot. Les faits concordent avec ceux que j'ai observés chez Louis (*note J. Ronjat*).

[125] Non, c'est pas ça ; ça s'appelle [a'a] (*note J. Ronjat*).

distingue pas encore, bien que ces végétaux l'intéressent beaucoup, les champignons en général ou telle ou telle espèce particulière.

§ 48. – J'ai dit (cf. § 47) que Louis ne s'étonne en aucune façon si je chante devant lui en allemand. Je peux rapprocher de ce fait le suivant. A la fin du 42e mois sa mère lui lit une lettre d'une de mes nièces. Il ne manifeste aucun étonnement de l'entendre parler français, et le fait s'était déjà présenté auparavant. Il doit sentir nettement, dans ce cas comme dans celui du chant, une citation. Il serait très probablement fort étonné si de son chef sa mère lui adressait la parole en français, ou moi en allemand. L'expérience serait intéressante, mais nous ne la faisons pas : elle est contraire à la méthode adoptée (cf. § 1), et nous croyons encore plus intéressant d'attendre que de lui-même il se mêle indifféremment dans une langue ou dans l'autre à une conversation générale. Cela ne s'est pas produit encore. Voici des faits qui m'avaient semblé annoncer l'imminence de cette évolution. Au 49e mois, conversation générale à table, en français, pendant un séjour à la campagne chez un de mes parents : il arrive parfois à ma femme, entraînée par la conversation générale, de s'adresser à son fils en français, mais il lui répond invariablement en allemand, sans manifester du reste aucune surprise. Au 50e à la maison, comme je termine une communication adressée à ma femme par : « Ich werde dirs erzählen[126]», il me demande à plusieurs reprises en riant : « Was erzählen[127] ? » Je lui réponds : « Oui, plus tard ». Quelques jours après, à table, je demande à ma femme : « Darf ich eine Kartoffel essen[128] ? » et il dit, sans que je puisse bien nettement distinguer s'il s'adresse expressément à moi ou s'il entend faire un *a parte* plaisant (il y a sans doute des deux) : « Soviel du willst darfst du essen[129] ». Mais depuis je n'ai plus noté de faits analogues.

Pleine conscience du bilinguisme

§ 49. – La **pleine conscience du bilinguisme** date au moins de la fin de la troisième année ; elle a pu être en partie provoquée, ou hâtée, par les faits relatifs aux personnes qui ont parlé à Louis ou à qui Louis a parlé alternativement deux langues et qui ont employé les expressions *en français, en allemand*, etc... (27e et 28e mois, cf. §§ 44, 47). Elle est surtout en rapport étroit avec la notion que « papa sait aussi parler comme maman » et que « maman sait aussi parler comme papa ». Cette notion est sûrement très nette chez Louis vers sa troisième année révolue ; je pense qu'il a déjà commencé à en avoir

---

[126] Je te raconterai ça plus tard (*note J. Ronjat*).
[127] Raconter quoi ? (*note J. Ronjat*).
[128] Puis-je manger une pomme-de-terre ? – Nous avons adopté en matière de plaisanterie des formules soumises (*note J. Ronjat*).
[129] Tu peux en manger tant que tu voudras (*note J. Ronjat*).

conscience au moins un an auparavant : cf. § 47 *ad finem* ma remarque sur *montagne* au 26ᵉ mois et § 3 *ad finem* le fait que vers le 20ᵉ il se rendait compte qu'il savait moins de français que d'allemand ; elle ne peut manquer de se développer rapidement dès que l'enfant commence à prendre part à la conversation des grandes personnes (vers le 30ᵉ mois, cf. le début du § 45).

A la fin du 28ᵉ mois Louis est à la cuisine avec *Fräulein* et la cuisinière, qui parlent français pendant qu'il regarde un livre d'images. La cuisinière prie *Fräulein* de lui faire passer un arrosoir ; celle-ci, qui a un tempérament d'institutrice, dit en donnant l'objet : « En allemand *Giesskanne* ». Un instant après Louis lève le nez de son livre, où l'image d'un singe l'avait sans doute particulièrement intéressé, et dit : « Deda (= *Fräulein*), *un singe*, das heisst[130] *ein Äffchen* ». A la fin du 30ᵉ mois il dit à la cuisinière qui lui montre un ballon sur une image : « Maman dit toujours *ein Luftballon* ». Plus tard, il aime à instruire, comme il l'a vu faire à *Fräulein* ; elle n'est restée que deux mois environ à la maison, mais elle a laissé une vive impression à l'enfant, qui s'est souvenu et a parlé d'elle assez longtemps après son départ. Ainsi au 39ᵉ mois, pendant un séjour à la campagne, il apprenait de temps en temps quelques mots allemands à la cuisinière de mon oncle ; au 40ᵉ il voulait apprendre à sa bonne à compter en allemand (cf. § 51).

A partir de la même époque se manifeste de plus en plus nettement le désir de posséder un vocabulaire aussi étendu que possible dans les deux langues et, quand un mot nouveau est acquis dans l'une, de connaître aussi son équivalent dans l'autre. J'ai déjà mentionné au § 44 « Wie nennt die Mami *Noël* ? » (39ᵉ mois). Parfois la question a trait à un mot momentanément oublié, comme *Kürbis* cité au § 42 *ad finem* (36ᵉ mois), qui revient en mémoire en entendant l'équivalent français. Au 37ᵉ mois : « Mami, *purée de pommes de terre*, wie heisst ?[131] » et une autre fois Louis demande à sa mère le nom d'un plat que la cuisinière vient d'apporter ; elle répond : « Gefüllte Tomaten » ; il me demande : « Qu'est-ce que maman a dit ? » je répète : «Gefüllte Tomaten », et lui : « Comment tu dis, toi? – Tomates farcies »; il communique la chose en alle- mand à sa mère et l'oblige à répéter elle aussi *tomates farcies*. Au 40ᵉ mois il montre à sa mère un plant de fraisier représenté dans un livre d'images avec fleurs et fruits, et lui demande ce que c'est. « Erdbeeren. – Nein, die Maria (la bonne) sagt, das sind *fleurs*. – Nein, sieh mal da, Erdbeeren ; man kann glauben, es seien Blumen, doch sinds Erdbeeren. – Ist das *framboises* ? – Nein, *fraises*[132]». Sur quoi il court vers Maria pour lui montrer qu'elle s'est trompée.

---

[130] Ça s'appelle (*note J. Ronjat*).
[131] Maman, comment dit-on *purée de pommes de terre* ? (*note J. Ronjat*).
[132] « Des fraises. – Non, Maria dit que c'est *fleurs*. – Non, regarde un peu, ce sont des fraises ; on pourrait croire que ce sont des fleurs, mais ce sont des fraises. – Est-ce *framboises* ? – Non, *fraises* ». *Fraises* et le mot allemand *Erdbeeren* sont employés au sens de « fraisier » (*note J. Ronjat*).

§ 50. – Le sentiment très net de posséder deux collections de vocables et l'habitude de rapprocher fréquemment les mots qui se correspondent dans les deux langues se manifestent dans quelques cas d'erreur assez curieux. Au 39ᵉ mois, parlant d'un « épi de blé », Louis ajoute « pour dessiner du pain » par confusion entre les homonymes allemand *mahlen* « moudre » et *malen* « peindre » ; il ne distingue pas très nettement « peindre » et « dessiner ». Au 39ᵉ mois, à la campagne, ma femme, voulant sortir sans l'emmener avec elle, lui dit : « Bleib jetzt mal hier bei der Maria, nachher treffen wir uns wieder[133] ». Quand elle revient, il lui dit : « Hat sich jetzt die Mami und der Lolo getrofft[134]? » et il explique à Maria : « Maman et Lolo se sont tués ». Confusion avec le sens, pour lui très usuel, de *treffen* « toucher » en parlant de tir, de chasse ; il venait de jouer au chasseur et de raconter en allemand qu'il avait tué beaucoup de gibier ; il dit parfois aussi *tuer* au lieu de *tirer*, parce que l'allemand *schiessen* s'emploie pour « tirer » et pour « tuer à la chasse à tir ». De même au 40ᵉ mois, à table, ma femme et moi parlons en allemand d'un couvert à salade en corne : « Avec de la corne on fait du pain ». Le mot que j'écris *corne* est prononcé [ɔrn], Louis ne possédant pas [k]. Il a entendu l'allemand *Horn* « corne » ; s'il avait parlé allemand il n'aurait pas fait la confusion, il n'aurait pas dit : « Aus Horn macht man Brot », parce qu'il distingue [hɔrn] < *Horn* de [ɔrn] < *Korn* ; parlant français, il substitue très régulièrement *corne* [ɔrn] à l'allemand *Horn* [hɔrn], mais en prononçant [ɔrn] il pense immédiatement à son homophone allemand [ɔrn] < *Korn*, le mot français *blé* étant momentanément oublié. Le procès n'est peut-être pas très clair ; pour les raisons données au début du § 43 je me suis abstenu de demander à l'enfant aucune explication. Cf. encore des exemples analogues aux §§ 34-35, 42.

§ 51. – Voici encore d'autres exemples de manifestations de ce sentiment et de cette habitude, avec développement progressif de l'**idée abstraite de « langue»**.

A la fin du 38ᵉ mois je chante devant Louis le début de l'appel de Donner (*Rheingold*, scène IV), qui l'impressionne vivement par le mordant des intervalles de quarte et de sixte ascendantes :

He-da !　　　　　He-da ! Hedo !　　　　Zu mir, du Gedüft ! etc.

---

[133] Reste ici un moment avec Maria, nous nous retrouverons ensuite (*note J. Ronjat*).

[134] Est-ce que maman et Lolo se sont maintenant retrouvés? » – Pour la forme analogique *getrofft*, cf. § 69 *ad finem*. Hat singulier, et non *haben* pluriel, avec deux sujets unis par *und* « et » ; le singulier serait correct s'il y avait die Mami *mit* dem Lolo « maman avec Lolo ». C'est l'inverse de la tournure verbe au pluriel avec deux sujets unis par « avec », courante notamment en provençal, par exemple *Lou paire emé la maire plouravon* [Lo paire amb la maire ploravan] «le père et la mère pleuraient, le père pleurait avec la mère », littéralement « le père *avec* la mère pleuraient » (*note J. Ronjat*).

Il me demande ce que c'est, et je réponds : « C'est la chanson de Donner. – Chanson du tonnerre. – Non, de Donner. – Moi, je dis *tonnerre* ». J'ai eu tort de corriger et de ne pas saisir immédiatement que, ne connaissant Donner que comme nom commun, il avait parfaitement raison de lui substituer son équivalent français *tonnerre*. J'aurais dû soit approuver soit expliquer qu'il s'agissait « d'un monsieur appelé *Donner* ». Il est en tout cas remarquable que Louis ne s'étonne pas de m'entendre mettre dans une phrase française un mot qu'il prend pour un nom commun allemand. Le lendemain, mêmes chant, question, réponse et substitution : « C'est la chanson de Donner. – Chanson du tonnerre» ; cette fois je n'ajoute rien. Le lendemain également, comme nous parlons d'un de mes cousins que nous appelons l'*oncle Marc*, Louis observe : « Et aussi timbre », pensant immédiatement au mot *marque* adapté de allemand *Marke* « timbre-poste » (cf. § 42).

Au commencement du 39ᵉ mois Louis siffle avec un de ces « rossignols de potier », petits pots dont le bec est fait en embouchure de flageolet : on souffle dans le bec après avoir rempli d'eau la panse. « Comment ça fait ? – Comme un petit oiseau ». Cette réponse ne le satisfait pas, et il me dit que « ça s'appelle un rossignol », puis il ajoute : « s'appelle aussi *Nachtigall* ». C'est évidemment pour montrer son savoir : il connaît le français *rossignol*, puisqu'il vient de l'employer à l'instant ; il ne tient l'allemand *Nachtigall* que de sa mère ; il ne peut pas prendre *Nachtigall* pour un mot du vocabulaire commun, pour une sorte de synonyme de rossignol : la différence de structure phonétique est trop marquée ; du reste il a correctement dit *un rossignol*, et *Nachtigall* sans marquer le genre (le mot allemand est féminin).

Au commencement du 40ᵉ mois, Maria, la bonne, envoie Louis demander à sa mère, dans une chambre voisine, quelle heure il est. Message transmis en allemand, et réponse : « Drei viertel sieben ». Il court vers Maria : « Tu ne sais pas quelle heure il est ? *drei viertel sieben* ! – Mais je ne comprends pas. – *Drei viertel sieben*, en allemand… *ja, ja* ! » Son intention me paraît être de masquer par une plaisanterie qu'il juge excellente son impuissance à transmettre le message parce qu'il ne connaît pas l'équivalent français de *drei vierlel siben*, *sept heures moins un quart* ou ne sait pas le trouver sur le moment. C'est le souvenir de cet incident qui a dû, cinq ou six jours après, lui donner l'idée d'apprendre à sa bonne à compter en allemand ; pour ses leçons il employait constamment les expressions *en allemand* et *en français*. A la fin du 42ᵉ mois, comme je l'invite à venir avec moi faire une visite à notre ami M. Allemand, il me demande immédiatement : « Est-ce qu'il parle allemand ? » Au commencement du 43ᵉ il demande à sa mère pourquoi les soldats portent un drapeau devant eux. « Frag mal den Papa[135] ». Il me pose la question en français et je lui explique qu'on tient le drapeau en l'air pour que tous les soldats le voient de loin et puissent se rassembler autour de lui. Il va vers sa mère ; elle lui demande :

---

[135] Demande voir à papa (*note J. Ronjat*).

«Weisst du's jetzt ? – Ich kann das nicht sagen, ich kann nur's sagen, wie der Papa sagt, auf französisch[136] ». Il paraît un peu humilié en renonçant à une traduction qui lui paraît difficile (j'avais probablement employé des mots tels que *capitaine*, *régiment*, etc…, pour lesquels les équivalents allemand pouvaient lui manquer), mais il est tout rayonnant en produisant pour la première fois la tournure élégante *auf französisch*. « Dann sag's mir doch auf französisch. – Nein, nein[137] » et rien ne peut le décider à enfreindre la règle « une personne, une langue ».

Au milieu du 43e mois j'avais fait avec Louis une promenade pendant laquelle de petits lézards gris l'avaient vivement intéressé. Nous rentrons à la maison, et en prenant le thé de l'après-midi je lui demande : « As-tu raconté à maman que nous avons vu des jolies petites bêtes ? – Comment s'appellent ? – Elles s'appellent *lézards*. – Non, autrement ? – Comment autrement ? on dit *lézards*. – Non, autrement, comme maman parle ». Retour de l'expression ancienne : il n'a pas dit *en allemand*. Mais après le thé, comme sa mère le prie de raconter l'histoire des jolies petites bêtes, il me demande autrement, *en allemand*. Infraction à la règle « une personne, une langue » ; bien qu'elle n'ait aucune importance au point où en est l'enfant, j'ai laissé à sa mère le soin de lui fournir le mot qui lui manquait (cf. plus loin *Schlüsselblumen*). Ces infractions ont toujours été d'ailleurs extrêmement rares. En voici une à la fin du 46e mois, question à moi posée en tête à tête : « Qu'est-ce que ça veut dire *ombre* en allemand ? » c'est à dire « comment dit-on *ombre* en allemand ? » Je réponds : « Tu demanderas à maman quand elle reviendra ». Cf. plus loin l'histoire du phonographe.

Un peu après le milieu du 43e mois Louis déclare à la cuisinière : « Je sais deux langues, le français et l'allemand ». Au commencement du 46e ma femme le mène en visite chez des amies qui parlent de son bilinguisme ; il intervient dans la conversation pour rectifier : « Moi, je sais trois langues. – Lesquelles ? – Le français, l'allemand et le patois ». Il se vante, sa connaissance de notre franco-provençal étant limitée à quelques mots que la cuisinière s'est amusée à lui donner en échange de mots allemands.

Au commencement du 44e mois je rapporte à la maison, revenant d'un tour en bicyclette, un gros bouquet de *Primula elatior*. « Comment s'appellent ? – Demande à maman ». Je ne connais pas de nom populaire français. « Mami, wie heissen die Blumen[138] ? – Schlüsselblumen. – Comment tu les appelles, toi ? – Je ne sais pas d'autre nom que celui que maman t'a dit ». Louis réfléchit un moment et me dit: « Maman a dit un nom qui est comme une clef[139] ». A la fin du mois, une après-midi, il va constamment de la cuisine au salon, très affairé :

---

[136] Le sais-tu maintenant ? – Je ne peux pas le dire, je ne peux le dire que comme papa dit, en français (*note J. Ronjat*).
[137] Alors dis-le moi en français. – Non, non (*note J. Ronjat*).
[138] Maman, comment s'appellent les fleurs ? (*note J. Ronjat*).
[139] L'allemand *Schlüssel* [signifie] « clef » (*note J. Ronjat*).

« Mami, Clotilde (la cuisinière) will einen Phonographen kaufen. – Einen Phonographen ! es ist zu teuer[140] ». Il court à la cuisine : « Clotilde, maman a dit que cétait trop cher. – Mais je ne crois pas, c'est pas si cher que ça, on peut en avoir pour … » (ici un prix quelconque). Il transmet en allemand au salon ; ma femme répond : « Das erstaunt mich sehr ». Il se précipite vers la porte, puis s'arrête tout à coup, revient vers sa mère et lui dit : « Aber das kann ich der Clotilde nicht sagen : sag mir mal das *auf français*[141] » (ou *in français* ; ma femme, qui a noté ces propos après coup, garantit *français*, mais ne se rappelle pas exactement la préposition employée). Ma femme ne veut d'abord pas enfreindre la règle « une personne, une langue » et répond : « Das kann ich nicht[142] », mais il insiste, et cette fois avec une formule allemande correcte : « Doch, doch, auf französisch[143] », et elle finit par lui donner ce qu'il désire : « Ça m'étonne beaucoup ». Il court porter cette réponse à la cuisinière. On voit que son habileté de traducteur peut échouer parfois en présence d'une tournure un peu abstraite. Mais elle est d'autres fois remarquable quand il s'agit de trouver une équivalence d'idiotismes. Au 50e mois, comme sa bonne allemande lui demande ce que veut dire *tiens* ! il répond de suite et sans la moindre hésitation : « *Tiens* ! das heisst ach ! » Ce n'est point de la lexicographie courante, mais de l'excellente stylistique[144] instinctive.

J'ai parfois remarqué chez Louis (cf. p. 92, histoire du drapeau) une certaine humiliation quand il ne peut pas transmettre une communication d'une langue dans l'autre. Il peut arriver aussi qu'il cherche à dissimuler cet échec. Ainsi à la fin du 50e mois il a entendu raconter en allemand, au cours d'une visite faite avec sa mère, une histoire de feu d'artifice qui l'a vivement intéressé. Rentré à la maison, il en fait d'abord part en allemand à sa bonne, puis il veut raconter la chose à la cuisinière. Ma femme est présente. « Clotilde, dit Louis, savez-vous beaucoup d'allemand ? – Mais non, je n'en sais rien du tout. – Ne savez-vous pas ce que c'est, un *Feuerwerk* ? – Mais non ». Il explique en parlant de poudre, de feu, de lumière, etc..., et alors sa mère l'aide en disant : « Feu d'artifice », et lui, tout joyeux et comme allégé d'une grave préoccupation : « Ah ! oui ! feu d'artifice, je ne savais pas… » et il continue son récit. Je pense qu'il voulait dire : « Je ne me rappelais plus», comme une grande personne qui a momen-

---

[140] Maman, Clotilde veut acheter un phonographe. – Un phonographe ! c'est trop cher (*note J. Ronjat*).

[141] Mais je ne peux pas le dire à Clotilde : dis-le-moi voir en français (*note J. Ronjat*).

[142] Je ne peux pas (*note J. Ronjat*).

[143] Si, si, en français (*note J. Ronjat*).

[144] J'entends par ce mot la nouvelle discipline linguistique instituée par M. Bally dans son *Précis de stylistique* (Genève, Eggimann, 1905) et son *Traité de stylistique française* (2 vol., Heidelberg, Carl Winter, 1909) : « elle étudie la valeur affective des faits du langage organisé et l'action réciproque des faits expressifs qui concourent à former le système des moyens d'expression d'une langue » (*note J. Ronjat*).

tanément oublié un nom propre. Cf. un autre procédé de dissimulation dans *drei viertel sieben* cité § 51.

§ 52. – Après sa troisième année révolue, Louis s'est fréquemment préoccupé d'expressions délicates et de formes grammaticales. Ainsi au 44ᵉ mois, comme je lui avais fait une observation sur quelque écart de langage ou de conduite et qu'il s'était mis à parler d'autre chose, je lui dis : « Tu cherches à détourner la conversation » ; il demande immédiatement à sa mère *comment détourner la conversation* se dit en allemand : « Mami, *détourner la conversation*, wie heisst ? » Le même jour il lui avait demandé s'il faut bien dire *Fidibus*[145] quand il n'y a qu'un *Fidibus*, et *Fidibüsse* quand il y en a plusieurs. Déjà au 40ᵉ mois, comme nous parlions ensemble de chevaux, il m'avait dit : « On dit *chevaux* quand il y en a un, *cheval* quand il y en a beaucoup ». C'est le contraire, mais il est remarquable que son attention s'attache, même à faux, à une telle particularité ; sa bonne la lui avait signalée quelques jours auparavant. Quelques jours après, à table – il est ce qu'on appelle en allemand *ein dankbarer Gast*[146] – , il émet une appréciation sur un plat dont il vient de manger : « Les céleris sont bonnes ». Je corrige *bons* ; immédiatement il s'informe comment il faut dire avec *courge, pommes de terre*, etc...

Au commencement du 47ᵉ mois nous sommes à la campagne chez une tante ; la propriété s'appelle le Poirier. Je me promène avec Louis, qui m'accable de questions sur les arbres que nous rencontrons : est-ce un châtaignier ? voilà un cerisier ? est-ce un poirier ? etc... Il connaît aussi le nom des fruits, *châtaigne, cerise, poire*, etc... Tout à coup il remarque l'homonymie de l'arbre et de la propriété[147] : « Tiens ! on dit poirier pour l'arbre comme pour la maison », et, après un silence très court : « Pourquoi est-ce qu'on dit *ier* avec? – Comment? qu'est-ce que tu veux dire? – Oui, pourquoi on dit *ier* après *poire*[148] ? ». Je lui réponds que le *poirier* est l'arbre qui fait des *poires*, le *châtaignier* fait des *châtaignes*, le *cerisier* des *cerises*, le *pommier* des *pommes*, choisissant à dessein des dérivés à suffixe parfaitement homophone, et il complète mon énumération, notamment en forgeant le dérivé analogique *péchier*. Vers le milieu du 48ᵉ mois il cause en tête à tête avec sa maman. On parle de mamans, en allemand *Mamis*. « Warum Mamis, demande Louis. – Wenn viele Mamis ; sonst, *eine Mami* ; man

---

[145] Allumette en papier (*note J. Ronjat*).

[146] Un convive reconnaissant ; se dit d'un hôte qui apprécie les plats qu'on lui sert (*note J. Ronjat*).

[147] Le Poirier en question est en franco-provençal [pəˈri] « pierrier », nom de lieu-dit ; le nom français repose sur une confusion avec un autre mot [pəˈri] « poirier » (*note J. Ronjat*).

[148] Je n'ai noté chez Louis aucun exemple bien net de *Kindesetymologie* où l'enfant cherche à expliquer la forme d'après son sens (ou inversement), ce qui peut entraîner des réfections comparables à celles que produit l'étymologie populaire des adultes (nombreux exemple dans Stern, p. 113, 373-378) (*note J. Ronjat*).

sagt *viele Kinder, viele Mamis.* – Wie sagst du für *Pferd* ? – *Pferde*[149] ». Il pose encore la question pour d'autres mots, puis : « Und wenn ich französisch spreche, dann sage ich … *chevaux* … Nein, *cheval* … Ah ja ! ein Pferd ist *cheval*, viele Pferde sind *chevaux*[150] ».

Les langues autres que le français et l'allemand

§ 53. – Au commencement toute **langue autre** que le français et l'allemand est **non avenue** : Louis se rend certainement compte que ce n'est ni du français ni de l'allemand, et sent en même temps un langage articulé qui peut avoir un sens pour les initiés ; mais si l'on dit quelque chose devant lui, il ne veut pas le répéter, disant fréquemment que « c'est pas joli » ou répondant non quand on lui demande si c'est joli ; j'ai fait l'expérience avec toutes les langues pour lesquelles j'ai une prononciation correcte. Encore à la fin du 36ᵉ mois, voyant mon bâton de montagne rapporté d'un voyage ancien en Norvège, et admirant comme il sied le bois de frêne, bien droit et bien rond, verni jaune clair, le bout tourné rond en pomme de mât et l'anneau de cuivre qui porte une inscription au-dessous, il me demande : « Qu'est-ce qu'il y a écrit ? – *Gak varlig, jeg hjelpér naar det er farligt*[151] ». Il se refuse absolument à répéter : « Non, non, pas joli ».

Toutes ces choses-là ne sont ni comme on parle à maman, ni comme on parle à papa, ni des chansons, et par conséquent c'est peine inutile que de vouloir se les mettre dans la tête : aussi ne demande-t-il pas qu'on lui explique ce qu'elles peuvent bien vouloir dire.

A la fin du 39ᵉ mois, à la campagne, chez un oncle, il me demande le nom du livre que je suis en train de lire devant lui. « *El ingenioso hidalgo Don Quijote de la Mancha* ». Impossible de le lui faire répéter. J'en donne la raison à mon oncle, qui ne veut pas me croire et fait sans difficulté répéter à Louis *how do you do* prononcé à la française [awdŭjŭ'dŭ] : l'enfant ou bien veut faire une plaisanterie, entrer dans le jeu de son grand-oncle contre son papa, ou bien il croit avoir affaire à un mot français ; les propos précédemment échangés n'obligent pas à adopter l'une ou l'autre de ces interprétations ; en tout cas trois jours après je ne peux pas obtenir qu'il répète la même formule prononcée par moi à l'anglaise [hawd̮ŭjŭ'd̮u:].

---

[149] Pourquoi *Mamis* ? – Quand il y a plusieurs *Mamis* ; sinon, *eine Mami* ; on dit *viele Kinder, viele Mamis.* – Comment dis-tu pour *Pferd* ? – *Pferde* (note J. Ronjat).

[150] Et quand je parle français, je dis chevaux Non, cheval.... Ah oui ! un cheval, c'est *cheval* ; plusieurs *chevaux*, c'est *chevaux* (note J. Ronjat).

[151] Marche prudemment, j'aide quand il y a danger (*note J. Ronjat*).

§ 54. – A la fin du 42ᵉ mois Louis entre dans mon cabinet et me trouve en train de lire des fragments de la Bible de Wulfila[152]. « Qu'est-ce que c'est que ce livre que tu lis ? » Je m'amuse à lui dire une courte phrase ; il ne veut pas la répéter, mais répond « oui » quand je lui demande si c'est joli. C'est la première fois qu'il déclare joli un groupe de phonèmes qui n'est ni français ni allemand. Quinze jours après, à table, l'entendant dire à sa mère *für mich*, j'ai l'idée de dire [ja, faˈur θyk]. Il répète [syk]. Décidément le gotique lui plaît. C'est la première fois qu'il consent à répéter autre chose que du français ou de l'allemand : il s'en rend évidemment compte par la présence du phonème [θ], étranger aux deux langues qu'il connaît. Je corrige [θyk], il répète [fyk], puis, mécontent de ces deux approximations, il dit à plusieurs reprises : « Non, c'est pas ça » et conclut : « Je peux pas bien dire ; je dirai plus tard ».

Je lui avais plusieurs fois chanté la chanson provençale

Quand au -ren tout a ca -ba, fumen la pi- po, fumen la pi- po ; Quand au
ren tout a -ca -ba, fumen la pi- po sens ta - ba[153].

Il a retenu l'air assez bien, mais surtout les paroles lui ont trotté dans la cervelle, et, sentant la parenté des langues, il a cherché de lui-même un sens : au milieu du 45ᵉ mois il se met un beau jour à me chanter :

> J'ai trouvé tout acaba.
> Fume la pipe, fume la pipe ;
> J'ai trouvé tout acaba,
> Fume la pipe tant que tu voudras.

Fume la pipe est prononcé [fym la ˈpip], et *tant que tu* [tãkˈty], ce qui l'oblige à altérer la mélodie. Je la lui chante correctement, avec les paroles provençales ; il écoute, dit : « Moi, je dis pas comme ça », et chante encore sa version arrangée. Quelques jours après il y introduit un perfectionnement : ne trouvant pas de sens à *acaba*, il déménage au premier vers le *taba* qu'il a expulsé du quatrième :

---

[152] L'évêque Wulfila, mort à Constantinople en 383, christianise les Goths et rédige une Bible en inventant l'alphabet gotique à l'aide de majuscules grecques, d'onciales latines et de signes runiques.

[153] Quand nous aurons tout fini (gaspillé tout notre avoir, mangé tout ce que nous avons), fumons la pipe, fumons la pipe ; quand nous aurons tout fini, fumons la pipe sans tabac *(note J. Ronjat)*.

J'ai trouvé tout un tabac, etc..

§ 55. – Au commencement du 50ᵉ mois je vais à Lyon ; Louis me demande pourquoi : « J'ai à travailler à la bibliothèque de l'Université. – Comment? qu'est-ce que tu vas y faire ? – Lire des livres. – Quels livres? – Plusieurs, mais tiens, par exemple, le *Corpus inscriptionum latinarun*. Dis un peu : *Corpus inscriptionum latinarun* ». Je prononce [ˈkɔrpus inskripˈtioːnum latiˈnɑrum]; il répète sans se faire prier, et assez correctement.

On a vu [§ 51] qu'au 46ᵉ mois Louis se vantait de « savoir le patois ». Ce n'est qu'au 50ᵉ que j'ai obtenu qu'il fît la partie de [berna] dans le dialogue suivant : [ˈbɛːrna !– mɔ̃ˈsy? – ɑː tə saˈrɑ lu pɔrtɑː ?– wa, mɔ̃ˈsy, d e bəˈtɑː lu tɔ̃baˈre]. Sa prononciation est très correcte. Il s'est fait expliquer depuis assez longtemps de quoi il est question. C'est une vieille histoire qui se raconte depuis plusieurs générations dans ma famille. Un de nos parents éloignés, mi-paysan, mi-gentilhomme campagnard, avait un portail de grange en mauvais état ; il ne faisait pas réparer la serrure et la barre et se contentait de barricader le portail avec un tombereau ; son domestique, nommé Berne, était chargé de l'opération, et tous les soirs le maître s'assurait qu'elle avait été accomplie en hélant, du seuil de sa maison, Berne au fond de la grange ou de la cour : « Berne ! – Monsieur ? – As-tu fermé le portail ? – Oui, Monsieur, j'ai poussé le tombereau ». Un autre jour Louis ne voulait pas faire sa partie ; je lui demande s'il trouve l'histoire jolie, il répond oui ; je traduis, sans le prévenir en rien, tout le dialogue en provençal : « Berno ! – Moussu ? – As sarra lou pourtau ? – O, moussu, ai bouta lou toumbarèu ». Ce sont les mêmes mots, sauf que manquent [tə] « tu » et [d] « j' », mais avec une toute autre sonorité, *a* brefs et ouverts, diphtongues [aw, ɛw, aj] ; elle paraît à Louis infiniment plus élégante que l'autre, et dès les premiers mots ses yeux brillent de plaisir ; quand je lui demande si c'est joli, il répond oui avec conviction ; plus joli que l'autre, même réponse. Voici, pour permettre d'apprécier l'effet, une transcription phonétique : [berno ! – muˈsy ? – ă saˈră lu purˈtaw ? – ɔ, muˈsy, aj buˈtă lu tumbaˈrɛw].

§ 56. – Au milieu du 53ᵉ mois Louis est seul avec sa mère, qui écrit à des amis à nous, père et mère de deux petites filles. De toute cette famille il ne connaît que le père. Il demande toute sorte de renseignements sur la mère et les enfants. Ma femme dit que les deux petites filles ont été malades, qu'elle va leur envoyer des images pour s'amuser à la maison avant de pouvoir sortir, etc… Louis écoute avec beaucoup d'intérêt, puis tout à coup il demande : « Sprechen sie die Sprache von uns ? – Ja, sie sprechen französisch, wie der Papa und du … Aber gibts Leute die anders sprechen wie französisch und deutsch ? – O ja ! » répond Louis au grand étonnement de ma femme. « Zum Beispiel, in Russland, da sprechen sie russisch... Und in Deutschland spricht man deutsch[154] ». *Russland* et *russisch* proviennent certainement de conversations tenues à table sur les événements des Balkans en cette fin d'année 1912[155]. A trois ans et demi Addi, passant les vacances de 1912 avec sa mère chez ses grands-parents d'Allemagne, était très étonnée d'entendre tout le monde parler allemand, parce qu'à Vienne, où elle habite, l'allemand n'est parlé que par ses parents et par nous.

---

[154] Est-ce qu'elles parlent la langue de nous ? – Oui, elles parlent français, comme papa et toi... Mais est-ce qu'il y a des gens qui parlent autrement qu'en français ou en allemand ? – Oh oui ! Par exemple, en Russie, les gens y parlent russe ... Et en Allemagne on parle allemand (*note J. Ronjat).*

[155] Il s'agit du début de la première guerre balkanique : la « ligue balkanique » (futurs états de Serbie, Bulgarie, Grèce et Monténégro) s'émancipent militairement de l'Empire ottoman.

VI
PRINCIPAUX RESULTATS OBSERVES

§ 57. – Les principaux résultats que nous avons obtenus en suivant la méthode « une personne, une langue » (cf. § 1) ont été les suivants :

A. Acquisition de deux systèmes articulatoires distincts : dès les débuts la prononciation de Louis est dans les deux langues celle d'un enfant indigène ; on ne peut relever aucun fait authentique et durable (stable) d'influence d'une langue sur l'autre. (cf. §§ 7-11)

B. Développement phonétique parallèle dans les deux langues : des phonèmes étant acquis ou perdus dans un système articulatoire, les phonèmes identiques ou correspondants de l'autre système sont sensiblement en même temps acquis ou perdus, et on observe les même parallélisme dans toute succession d'une répétition à peu près exacte à une substitution de phonèmes (cf. § 12) ; les simplifications de groupes de consonnes (§ 12 *in fine*), les assimilations (§§ 13-16), les dissimilations (§ 21), le maintien de formes anciennes ou les réfections, corrections, rectifications totales ou partielles (§§ 19, 20, 31) s'opèrent simultanément dans les deux langues en obéissant aux mêmes tendances phonétiques générales.

C. La double question dont la solution fait l'objet des §§ 22-33, le sujet observé est-il en retard, pour la prononciation correcte, sur la moyenne des enfants de son âge ? si ce retard existe, peut-on l'attribuer au bilinguisme, à titre de compensation d'efforts avec le double travail d'apprentissage de la parole ? comporte une réponse probablement négative sur le premier point, sûrement négative sur le second (§§ 32-33).

D. Les emprunts authentiques de langue à langue en matière de vocabulaire (§§ 34-35) et de syntaxe (§§ 36-38) se réduisent en somme à des faits isolés et passagers, et n'affectent pas d'une manière durable la correction générale du langage. L'enfant cherche de bonne heure à avoir un vocabulaire aussi étendu que possible dans les deux langues et, quand un mot nouveau est acquis dans l'une, à posséder aussi son équivalent dans l'autre (§ 49) ; le développement de la syntaxe se fait parallèlement dans les deux langues (§ 36), et il en est de même pour la morphologie (§§ 52, 69).

E. Le sujet observé peut de bonne heure s'exprimer très convenablement dans les deux langues comme le fait dans une seule la moyenne des enfants monoglottes (nés dans des milieux cultivés) dont les parents s'occupent assidûment comme les siens se sont occupés de lui (§ 36). Il peut de très bonne heure transmettre dans une langue des messages donnés ou des récits entendus dans l'autre (§46).

F. Issu de la notion concrète « parler comme maman » ou « comme papa » et « comme à maman » ou « comme à papa » inculquée dès les débuts par l'effet même de la méthode employée, le sentiment du bilinguisme s'est pro-gressivement affiné jusqu'à l'idée abstraite de langue. Dès le début commencent à se constituer deux vocabulaires à usage distinct (§ 43). Vers le 28ᵉ mois l'enfant conçoit la possibilité de s'adresser à une même personne dans les deux langues, et qu'une même personne puisse employer les deux langues en lui parlant (§ 44). Il sait dès le 20ᵉ mois au moins qu'il est bilingue (§ 46) et probablement peu après il sait que ses parents sont bilingues (§ 49), mais il ne fait aucune interversion importante de langues en s'adressant à nous, pas plus que nous n'en faisons en nous adressant à lui (§§ 47-48), et il corrige à l'occasion une interversion faite par sa mère ou par lui-même (§ 47 *ad finem*). Il distingue nettement une mauvaise prononciation d'une bonne chez un adulte (§ 47). Il a le sentiment très net d'un système de correspondances phonétiques de langue à langue, sentiment qui se traduit par des adaptations très réussies dès le 27ᵉ mois (§§ 41-42). La pleine conscience du bilinguisme date au moins de la fin de la troisième année (§§ 49-51, traductions fréquentes, croisements provenant de l'habitude de rapprocher l'un de l'autre les deux vocabulaires, emploi des expressions *langue, en allemand*, etc...) ; son développement coïncide avec un développement intellectuel général qui pousse l'enfant à s'enquérir d'expressions délicates et à rechercher des formes grammaticales correctes (§ 52). L'enfant a toujours nettement distingué un langage qui n'est ni du français ni de l'allemand (§ 53) ; à partir du 42ᵉ mois il consent à répéter quelque chose dans un tel langage, il apprécie l'élégance d'une langue au point de vue phonétique, il sait qu'il y a des pays où l'on parle d'autres langues que le français et l'allemand (§§ 54-56).

§ 58. – J'ai dit que les résultats qui viennent d'être résumés ont été obtenus en suivant la méthode « une personne, une langue », mais je n'entends ni les présenter comme des résultats que cette méthode doive nécessairement et toujours donner (quoique, pour l'essentiel, la chose me semble infiniment probable), ni prétendre qu'ils ne puissent être obtenus qu'en suivant cette méthode (bien que je la crois à la fois la plus sûre et la moins fatigante pour le cerveau d'un enfant). Voici, en reprenant les divisions précédentes, les résultats obtenus avec une autre méthode employée pour Addi : ses parents lui ont parlé alternativement français et allemand, mais de bonne heure surtout allemand ; comme nous ils parlent allemand entre eux, à moins de présence d'un tiers qui ne sache pas cette langue ; ils ont comme nous toujours parlé franc à leur enfant, mais ils ont bien moins repris ou corrigé son langage que je n'ai repris ou corrigé le langage de Louis.

A. Prononciation allemande aussi bonne que celle de Louis. En français, prononciation moins stable que celle de Louis : quelques germanismes, surtout fréquemment ['-l̩] dans des mots tels que *table* prononcé ['tabl̩] comme en allemand par exemple *Löffel* ['lœfl̩] ; quelques prononciations locales ou patoises empruntées à des bonnes, femmes de ménage, etc... (observation communiquée par le père, sans pouvoir préciser ; je n'ai rien remarqué de bien choquant).

B. Les termes de comparaison font défaut : les parents d'Addi ne m'ont communiqué aucune observation dont on puisse faire état.

C. Prononciation correcte dès la fin de la deuxième année, distinction de [ʃ] et de [s] dès les débuts de l'imitation du langage ; peu de réfections progressives en général, une prononciation correcte est substituée sans transition à une prononciation enfantine. J'ai fait état de ces résultats aux §§ 31 *in fine*, 33. Ils constituent une particularité de l'enfant, et ne peuvent évidemment être attribués à la méthode suivie, dont on attendrait en principe des résultats plutôt opposés, soit l'exagération des faits observés chez Louis.

D. Les faits concordent en général avec ceux qui ont été observés chez Louis. Addi présente plutôt moins d'emprunts, alors qu'en principe on en attendrait davantage. On attendrait plus de fautes en français qu'en allemand, mais les faits ne confirment pas une telle prévision. Entendant vers trois ans parler de *vin blanc*, Addi forge d'elle-même l'allemand *Wein weiss* [vajn'vajs] ; la forme correcte est *Weisswein* [vajs'vajn]. Ses parents n'ont jamais remarqué en français ni *blanc vin, neuf chapeau*, etc..., ni *cheval petit, soupe bonne*, etc... Inversement, tandis que quelquefois vers trois ans l'enfant dit encore en français *il faut mes souliers ôter, j'ai ma soupe mangé*, elle ne dit jamais en allemand *du musst ausziehen meine Schuhe, ich habe gegessen meine Suppe* au lieu de *du must meine Schuhe ausziehen, ich habe meine Suppe gegessen*.

E. Exactement comme chez Louis.

F. Dès les débuts Addi a entendu dire *en français, comment dit-on en allemand ? auf deutsch, wie heisst es auf französisch ?* etc... ; elle emploie ces expressions dès l'âge de deux ans et demi et en saisit parfaitement le sens. La conscience du bilinguisme se manifeste donc chez elle beaucoup plus tôt ; chez Louis elle n'est pas ainsi directement suggérée d'une manière à peu près constante par l'entourage des grandes personnes. Un résultat attendu est que, tandis que Louis répond en allemand à sa mère qui lui adresse quelques mots en français (§ 48), Addi répond à son père ou à sa mère dans la langue qui a été employée en lui adressant la parole. Comme Louis elle a distingué dès les débuts un langage qui n'est ni du français ni de l'allemand ; elle a répété plus tôt que lui un tel langage : déjà au 29ᵉ mois, mais surtout au 41ᵉ en Cotentin, pendant les vacances d'été, elle acquérait quelques mots de patois normand : au 41ᵉ elle sait répondre [ʃa va 'biː e tɛː ?] « ça va bien, et toi ? » à un paysan qui lui demande [kɔmɑ̃ k ʃa 'va ?] « comment que ça va ? » et quelque temps après, pendant un séjour en Allemagne, elle s'amuse à étonner ses grands-parents en leur disant des phrases comme [va tra'ʃi dy 'bɛr] » va chercher du boire (du cidre) ».

En somme les résultats essentiels sont les mêmes pour Addi et pour Louis sauf au point F une avance, due à la méthode employée, dans la date de conscience du bilinguisme, au point C une particularité personnelle, au point A un léger avantage à l'actif de notre méthode.

§ 59. – Depuis le 30ᵉ mois (cf. § 4 *ad finem*) l'entourage constant de Louis, sauf sa mère, parle français. Néanmoins la position de l'allemand se maintient très forte. Jamais il ne vient à l'enfant l'idée de l'abandonner pour parler français à sa mère, quoiqu'il sache parfaitement qu'elle comprend et parle très bien cette langue. Il continue à parler allemand par affection pour sa mère, dont c'est la langue préférée, et par curiosité d'esprit, activité intellectuelle, fierté de savoir et aussi, disons-le familièrement, plaisir à « épater le public » (cf. au § 5 l'histoire de la chanson *O Tannebaum* !) Il ne pourrait se rendre vraiment compte de l'utilité de ce savoir que si par exemple il faisait un séjour en Allemagne, mais il n'y est allé que vers sa première année révolue ; il a pu en avoir un premier aperçu au 26ᵉ mois (cf. § 46), mais son développement intellectuel à cette époque ne comportait pas de réflexions bien étendues sur quelques transmissions de messages très simples.

Dans ces conditions[156] un enfant moins affectueux ou moins intelligent pourrait négliger une langue dont la connaissance n'est pas indispensable. Il serait extrêmement intéressant de savoir comment d'autres enfants se sont comportés dans des circonstances un peu analogues. Je n'ai malheureusement que quelques termes de comparaison à ma disposition.

§ 60. – Un de mes amis, Suisse romand habitant la Suisse allemande, a épousé une Bernoise. Leurs enfants entendent parler alternativement l'allemand de Suisse et le français, assez rarement l'allemand littéraire ; l'allemand de Suisse est l'idiome le plus fréquemment employé par les parents entre eux ou avec les enfants; les parents parlent les trois idiomes avec une facilité sensiblement égale. Les enfants apprennent à la maison à parler très bien l'allemand de Suisse, presque aussi bien le français. Une fois à l'école, n'entendant plus parler hors de chez eux que l'allemand de Suisse ou l'allemand littéraire, ils ne veulent plus parler français. Je pense que ce résultat ne se serait pas produit si on avait appliqué la méthode « une personne, une langue » : les enfants, affectueux et intelligents, seraient sans doute restés attachés à un idiome où ils auraient senti par excellence la langue paternelle.

---

[156] Louis commence vers le 30ᵉ mois à prendre une certaine part à la conversation des grandes personnes (cf. § 45) ; la position de l'allemand sera sûrement très forte quand il se mêlera à la conversation d'une façon active, permanente, puisque ses parents parlent allemand entre eux, mais il se borne en général jusqu'ici à intervenir par quelques mots adressés en allemand à sa mère ou en français à moi. Il a de nouveau, depuis le 45ᵉ mois, une bonne allemande qui ne lui parle qu'allemand et à qui il ne parle – de lui-même – qu'en allemand, quoiqu'elle puisse s'exprimer très suffisamment en français (*note J. Ronjat*).

Wilhelm von Humboldt[157], ministre résident, puis ministre plénipotentiaire de Prusse à Rome (1801-1808), se trouvant en 1804 seul dans cette ville avec ses filles Adel (Adelheid von Humboldt, née à Paris le 17 mai 1800) et Gabriele (née le 28 mai 1802), écrit à sa femme qui est en Allemagne avec les aînés de leurs enfants. Adel vit beaucoup avec son père, Gabriele presque uniquement avec des domestiques italiens. « Adel est en train de jouer et, comme toujours, elle chante en jouant des chansons italiennes (p. 125, lettre du 7 mars 1804). Elle parle absolument comme une Romaine (p. 149, 28 avril). Elle parle maintenant l'italien aussi couramment que l'allemand, et plus correctement, puisqu'elle dit toujours *genehmt, gebringt*[158], etc... ; mais quand on lui demande ce qu'elle aime le mieux parler, elle répond immédiatement : L'allemand, et il faut voir sa figure ! on dirait qu'elle croit que faire autrement serait un péché. Elle semble vraiment trouver l'allemand plus distingué » (p. 197, 3 juillet). Je pense que c'est parce que l'allemand est la langue de ses parents, que l'italien est une langue d'étrangers à la maison ou de subordonnés. Mais voici un changement à vue : Adel ne veut plus parler allemand, et répond en italien à une phrase en allemand (p. 267, 16 octobre). Humboldt n'en dit pas davantage. L'enfant est cependant intelligente et très attachée à son père, qui s'occupe beaucoup d'elle. Dans une autre lettre Humboldt dit que Gabriele commence à manger à la table de son père (p. 291, 5 janvier 1805). Peut-être Adel a-t-elle abandonné l'allemand vers le moment où sa petite sœur a commencé à bien posséder l'italien.

Je crois d'une manière générale (cf. § 2 *in fine*), pour l'adoption d'une langue par un enfant, à une très grande influence de l'importance familiale et sociale des personnes qui la parlent. Cette conclusion me semble fortement appuyée par l'observation suivante (résumé des p. 379-381 de Stern) :

Un professeur allemand passe un peu plus de deux ans à Sumatra avec sa famille. Son fils aîné Peter est né à Breslau ; quand la famille s'est établie à Sumatra, il avait neuf mois et ne parlait pas encore. A Sumatra l'entourage de l'enfant est, sauf ses parents, exclusivement malais. L'enfant ne comprend que le malais, et ses parents eux-mêmes ne lui parlent que cette langue. Vers la fin de son séjour à Sumatra il a l'occasion d'entendre parler néerlandais ; il en retient quelques mots qu'il emploie *passim* sans les comprendre. Il parle très couramment malais à trois ans.

---

[157] Les citations qui suivent sont tirées de *Wilhelm und Caroline von Humboldt in ihren Briefen*, herausgegeben von Anna von Sydow, zweiter Band, von der Vermählung bis zu Humboldts Scheiden aus Rom (1791-1808), dritte Auflage, Berlin, Ernst Siegfried Mittler und Sohn, 1907 (*note J. Ronjat*). Wilhelm von Humboldt (1767-1835) est un philosophe, diplomate et ministre de l'éducation de Prusse ; linguiste et théoricien du langage, il contribue également de manière très importante à la théorie et la pratique de l'éducation (*note J. Ronjat*).

[158] Participes passés analogiques sur le thème des infinitifs *nehmen, bringen* au lieu des formes correctes *genommen, gebracht* (*note J. Ronjat*).

Retour en Allemagne, avec un domestique malais qui apprend l'allemand. Peter n'entend plus parler autour de lui qu'allemand, sauf par ses parents et par le domestique. Il apprend cette langue, et ne fait jamais de confusion entre elle et le malais. Si un mot allemand lui fait défaut, il emploie le mot malais correspondant en le faisant précéder de *malayu* « en malais ». Quand on lui demande le nom d'un objet, il répond le plus souvent : « En malais…, en allemand…» ; si on lui demande ensuite quel est « le vrai nom », il répond par le mot malais pendant les six premières semaines, par le mot allemand ensuite.

Le domestique malais fait des progrès en allemand et emploie de plus en plus cette langue en parlant à l'enfant. De retour d'une courte absence, les parents trouvent la situation brusquement changée : Peter, alors âgé de trois ans et trois mois, ne parle plus qu'allemand, avec de temps en temps emploi conscient d'un mot malais quand le mot allemand fait défaut. L'enfant, les parents en sont convaincus, a dû remarquer que les Malais sont un peu considérés comme des êtres inférieurs, et englober leur langue dans une appréciation générale défavorable.

Peter a abandonné le malais avant de pouvoir s'exprimer en allemand aussi facilement et aussi correctement qu'il le faisait en malais. Son allemand est défectueux, mêlé de néerlandais, influencé par la syntaxe malaise. Vers trois ans et demi l'enfant peut s'exprimer suffisamment en allemand ; il comprend difficilement le malais, et l'oublie tout à fait quand le domestique rentre dans son pays ; à trois ans et huit mois il ne comprend plus les conversations que ses parents ont ensemble en malais.

APPENDICE

NOTES SUR LE DEVELOPPEMENT INTELLECTUEL GENERAL DU SUJET OBSERVE

§ 61. – Je crois donner ici un complément utile à la section précédente pour permettre au lecteur d'apprécier la portée de mes conclusions en tenant compte de l'intelligence du sujet observé, lequel a manifesté peut-être une certaine précocité dans quelques parties de son développement cérébral.

Vers la fin du 9ᵉ mois de la vie de Louis sa mère s'absente pendant douze jours. Dans les premiers temps il semble moins en train, mais il reprend vite sa gaîté coutumière. Sa mère revient aux premiers jours du 10ᵉ mois : il la reconnaît immédiatement, d'abord rayonnant, puis ému presque à pleurer. Huit jours après, rencontrant au Jardin public une dame de ses amies avec un enfant à peu près de l'âge de Louis, ma femme prend cet enfant sur ses genoux : Louis s'agite avec un air de mécontentement, tend les bras vers sa mère et ne se calme que lorsqu'elle le prend sur ses genoux à la place de son petit camarade.

J'ai déjà noté que Louis sait dire son nom au 21ᵉ mois (cf. § 26).

Il a sûrement une bonne **mémoire**, comme la plupart de ses ascendants rapprochés dans les deux lignes. Un incendie survenu dans notre maison au 21ᵉ mois lui a laissé des souvenirs ineffaçables : il en parle souvent, il a gardé un véritable culte pour les pompiers, qui sont pour lui l'incarnation même de la bravoure. Au 34ᵉ mois, pendant un séjour à Paris, il rappelle à sa bonne un accident dont il a été témoin plusieurs mois auparavant : « Il[159] a vu un bon-homme qui est tombé dans l'eau sur le quai. – A Paris ? – Non, à Vienne ». Plusieurs mois après ce séjour à Paris, au cours d'une promenade avec moi, il reconnaît immédiatement un zèbre dessiné sur un petit tableau-réclame pendu à la porte d'une boutique : « Ça, c'est le joli petit cheval qui était au Jardin *d'acclimation* ».

§ 62. – Il a certainement de la **curiosité d'esprit**, ce qu'il tient aussi de son ascendance. A partir de trois ans ses questions deviennent incessantes, et parfois embarrassantes. Au milieu du 40ᵉ mois il m'a plusieurs fois demandé, en me montrant la terre : « Qu'est-ce qu'il y a en bas ? » et il fallait lui expliquer que si loin qu'on puisse creuser on trouve toujours de la terre, des rochers, quelquefois de l'eau, etc... Il est très ferré sur la bâtisse : on prend des pierres, on les colle avec du mortier. Au 40ᵉ mois, un ouvrier venant travailler à la maison, il déclare à sa mère : « Er muss immer zusehen, wie die Leute machen, damit er kann auch machen[160] ». Il regarde très attentivement quand j'exécute quelque menue

---

[159] *Il* était à l'époque employé pour *je* (note *J. Ronjat*).
[160] Il faut qu'il (cf. la note précédente) regarde comment les gens font, pour savoir faire, lui aussi (note *J. Ronjat*).

réparation domestique, il veut m'aider, il me tend un outil, un clou, etc... ; à quatre ans il sait enfoncer très proprement un clou et réussit même à en rabattre la pointe pour assembler à pivot deux petites pièces de bois ; vers la fin de sa cinquième année il peut travailler le fil de fer (cf. § 64).

Il s'intéresse de très bonne heure aux animaux, aux arbres, aux fleurs. A quatre ans il reconnaît, en nature ou sur un dessin, et sans jamais se tromper, une bonne douzaine d'espèces de champignons (vers la fin de sa cinquième année, une vingtaine).

A trois ans il était très préoccupé de savoir comment les arbres grandissent ; il a demandé des explications, et il a très bien compris que les racines mangent de la terre et les feuilles de l'air ; un peu plus tard il retient très bien qu'une graine tombée en terre peut produire un arbre ou une plante. Un peu après quatre ans il pose à sa mère une question bien plus embarrassante : « Wie die Menschen wachsen ? » Elle répond que les enfants mangent des pommes de terre, du macaroni, etc... et que peu à peu ils deviennent grands, comme papa et maman. Mais Louis dit qu'il sait tout cela et reprend ses questions de manière que ma femme s'aperçoit qu'il voudrait savoir comment les enfants viennent au monde : elle lui répond que les anges les apportent à leur maman ; cette réponse lui donne pleine satisfaction, les anges lui étant déjà bien connus, comme on va le voir par le résultat d'une question précédente où l'origine des enfants n'était pas directement en cause.

Tous les enfants sont un peu maniaques. Le nôtre l'est sans excès. Mais un séjour à la campagne chez un grand-oncle, au 39e mois, trouble ses habitudes. Le premier soir il veut aller se coucher « in sein Haus[161] ». Sa mère le détermine sans peine à dormir « im hübschen Bettchen, wo der Papa geschlafen hat, als er so klein war wie der Lolo jetzt. – Und wo war der Lolo wie der Papa war so klein ? – Bei den Englein[162] ». Cette réponse le satisfait pleinement : il connaît les anges pour les avoir vus sculptés aux portails de notre cathédrale ; il doit voir dans ces statues la représentation d'êtres qui habitent un autre pays ; il habitait lui-même ce pays avant de venir parmi nous ; cela lui suffit, au moins pour le moment: il n'a pas la notion de l'infini, et est satisfait dès qu'un fini est rattaché à un autre fini connu ou supposé connu.

De même, quelque temps auparavant, au cours d'une promenade, il m'avait demandé de lui expliquer ce que c'est que « ces grands morceaux de bois où on a accroché des fils de fer ». Je lui réponds que c'est le télégraphe. « Qu'est-ce que c'est, le télégraphe ? » Il connaît les lettres, la poste, le facteur, etc... : j'explique que le télégraphe sert pour les lettres pressées, qu'on va au bureau, qu'on donne la lettre et des sous, et que le monsieur du télégraphe prend les sous et envoie vite la lettre. Il en déduit immédiatement qu'on accroche la lettre aux

---

[161] Dans sa maison. Pour *sa*, cf. *il* note précédente (*note J. Ronjat*).

[162] Dans le joli petit lit où papa a dormi quand il était aussi petit que Lolo l'est maintenant. – Et où Lolo était-il quand papa était si petit ? – Chez les anges (*note J. Ronjat*).

fils de fer : faux rattachement de l'inconnu à un connu. Je cherche un autre connu dans la sonnerie électrique : nous sommes à table, maman appuie sur la jolie petite poire en bois qui est pendue à un fil vert, ça sonne à la cuisine, Marguerite apporte à manger ; même chose de notre chambre, qui est beaucoup plus loin de la cuisine que la salle à manger ; figure-toi encore plus loin, comme d'ici à Paris, etc... Ce rattachement exact à un connu satisfait pleinement Louis, et il ne songe pas une minute à me demander comment et pourquoi la sonnerie fonctionne : il l'a vue fonctionner, cela lui suffit. Il connaît ou croit connaître les anges comme il connaît ou croit connaître la sonnerie électrique, sauf qu'il ne les a vus qu'en pierre, mais il y a une quantité d'êtres et de choses qu'il n'a jamais vus qu'en dessin, et cela ne le fait pas douter de leur existence.

Vers la fin du 40e mois, au cours d'une promenade, il me parle du petit lit où il a couché le mois précédent, du lit où papa dormait quand lui était chez les anges : « Qu'est-ce que je mangeais quand j'étais chez les anges ? » Il se contente de cette réponse : « Oh ! presque rien ! tu étais si petit ! – Comment petit ? comme ça ? (il montre une longueur entre les pointes de ses index). – Encore plus petit que ça ». Il y a rattachement suffisant à un connu : Louis voit des enfants tout petits, il sait qu'on grandit ensuite, il peut se rendre compte qu'avant on était encore plus petit que tout ce qu'il a pu voir ; depuis, il ne m'a plus reparlé du temps où il était chez les anges.

Vers le milieu du 45e mois Louis voit sans aucune appréhension et avec un vif intérêt une magnifique éclipse de soleil en plein midi ; il saisit très bien les phases du phénomène expliquées en faisant glisser l'une sur l'autre deux pièces de monnaie qui figurent le soleil et la lune. L'obscurité ne lui fait pas peur : ce qui lui plaît le plus dans un voyage en chemin de fer, c'est les tunnels, surtout quand on n'a pas allumé ou qu'on voile les « petites lanternes » des wagons.

J'ai déjà noté (§ 45) que vers le 30e mois il commence à suivre dans une certaine mesure la conversation des grandes personnes.

§ 63. – Dirai-je que Louis a l'esprit d'observation ? C'est une formule un peu solennelle, et j'aime mieux dire, avec les bonnes gens de chez nous, qu'il a de la *remarque*. Je me bornerai à un exemple récent[163]. Au 52e mois, moi revenant avec lui, à la nuit, d'une visite à des parents, nous croisons sur la route une automobile ; en nous retournant nous apercevons une petite lumière, et Louis me

---

[163] On en trouvera un autre, relatif aux intervalles musicaux, au § 67 *ad finem*. Suivant sa propre expression, Louis a l'œil partout – et aussi l'oreille. Au cours de ses promenades, les choses nouvelles qu'il voit ou qu'il entend font l'objet de réflexions et de questions de toute nature. Au commencement du 57e mois il raconte à sa bonne une course qu'il vient de faire avec ses parents, en automobile jusqu'à la maison de campagne d'un grand-oncle, puis de là à pied jusqu'à une station de tramway, et il conclut : « Ich gehe viel lieber zu Fuss als im Auto zu fahren, weil man da nicht alles richtig sehen kann » (j'aime bien mieux aller à pied qu'en auto, parce que comme ça on ne peut pas tout voir comme il faut) (*note J. Ronjat*).

demande ce que c'est ; je réponds que c'est peut-être la lanterne que les autos portent toujours pour éclairer le numéro qui est entre les roues de derrière ; il regarde un moment, puis dit : « Mais non, regarde, l'auto montait, et la lumière descend. – Mais oui, tu as raison ; c'est peut-être la lanterne d'une bicyclette ». Il regarde attentivement, réfléchit, et me dit : « Oui, tiens, elle tourne un peu : les bicyclettes tournent toujours un peu, elles ne marchent pas droit comme les autos ». Je n'ai aucun souvenir que personne ait jamais attiré son attention sur le léger vacillement de la trace d'une bicyclette à petite allure. D'une manière générale nous n'avons rien voulu lui apprendre : nous nous bornons, sans le pousser ni le retenir, à répondre à ses questions dans la mesure de nos facultés, lui laissant développer librement les siennes, et surtout cette remarque qui « est au-dessus de la science accumulée d'une façon purement réceptive », qui « s'acquiert principalement dans les cas où l'être lui-même est au centre de l'expérience et joue un rôle actif », qui « entraîne un changement de l'être et atteint, ne fût-ce que dans une faible mesure, la manière d'envisager l'ensemble des choses. La science est par nature plus fugitive et plus périssable. De même, un danger de mort rencontré dans la haute montagne agit tout autrement que les meilleurs avertissements et les plus terrifiants récits de voyage[164] ».

§ 64. – Louis commencé au 13e mois à tracer quelques traits avec un crayon sur du papier. A partir du 16e il reconnaît ou croit reconnaître des êtres ou des objets dessinés : 16e, soldats, bateau à vapeur (en regardant à l'envers un journal illustré) ; 17e, sur une feuille d'annonces le figuré schématique d'une bicyclette est appelé [ɔ'ma] parce que Louis croit reconnaître un lorgnon comme celui qu'il voit porter à sa grand-mère (*Oma* en *Ammensprache*), des appareils de photographie et autres engins en forme de boîte avec des appendices ressemblant plus ou moins ci des roues ou à des manivelles sont appelés [ˌapu'ba] < *Apfelbrei* parce qu'il croit reconnaître le broyeur de la cuisine qui sert notamment à confectionner des marmelades de pommes. Au 28e mois il sait faire des **dessins** au trait, un drapeau (vu en nature), un bateau avec trois mâts et leurs voiles (vu seulement en dessin), etc..., les objets sont parfaitement reconnaissables ; il entreprend même de représenter sa petite baignoire posée sur une table basse. A la fin du 58e mois il me prie de lui faire un petit anneau à crochet en fil de laiton pour compléter un jeu de constructions mécaniques ; comme je lui demande de m'expliquer exactement ce qu'il désire : « Donne-moi s'il te plaît un morceau de papier et un crayon », dit-il de lui-même, et il exécute en quelques secondes un croquis très intelligible où l'anneau est figuré ovale, comme vu de trois quarts au-dessus du crochet qui le prolonge en bas. Je confectionne l'objet désiré ; Louis me regarde faire avec attention, et le

---

[164] L. Gauchat, *Sprachforschung im Terrain*, *BDR* 1910, p. 97. – Le texte oppose *Weisheit*, la science qu'on tient d'autrui, à *Wissen*, le savoir qu'on acquiert par soi-même (*note J. Ronjat*). Louis Gauchat (1866-1942) créé en 1899 le *Glossaire des patois de la Suisse romande* et travaille avec Ernst Tappolet pour les relevés phonétiques.

lendemain, installé à mon établi, il fabrique lui-même assez habilement plusieurs anneaux à crochet en fil de fer, et aussi, variante qu'il imagine tout seul, une paire d'anneaux dont les bouts sont tordus à la pince de manière à former une tige d'assemblage, le tout présentant la figure O-------O.

La mémoire des formes se développe bien et produit des rapprochements curieux. Pendant son séjour à Paris (34ᵉ mois), Louis appelle aéroplanes (il a vu des aéroplanes dessinés et possède un jouet qui a la môme forme) les grues à décharger les bateaux qu'il voit au bord de la Seine, dessin du temple un appareil photographique sur un prospectus et les raies verticales que laissent un moment sur la peau de ses jambes, quand on le déshabille, les lignes saillantes de la tige de ses chaussettes (les saillants des plis du soufflet de la chambre noire et les raies marquées par les chaussettes lui rappellent les colonnes de notre temple d'Auguste et de Livie à Vienne). Déjà à deux ans il appelait la musique notée [faˈbit] « fabrique », croyant reconnaître dans les lignes parallèles de la portée les fils parallèles d'une conduite électrique qui franchit le Rhône et aboutit sur la rive opposée à une fabrique bien en face des fenêtres de notre maison. Cf. au § 70 ses premières interprétations des lettres d'imprimerie.

§ 65. – Les **couleurs** intéressent beaucoup Louis à partir de la fin du 27ᵉ mois. Il les distingue sans pouvoir toujours les nommer ; il s'amuse parfois à des confusions volontaires, sans doute pour masquer les lacunes de son savoir. En revenant d'une promenade d'automne il raconte à sa mère qu'il a vu des feuilles jaunes, des feuilles rouges « und das andere, das piekt. – Du meinst, dass die Tannenbäume grün bleiben ? – Ja[165] ». A la fin du 31ᵉ mois il connaît à peu près toutes les couleurs (avance considérable sur la moyenne des enfants de son âge, cf. Stern, p. 228, 229) et sait les nommer en français et en allemand ; puis il développe beaucoup ses connaissances acquises et ses observations personnelles, qualifiant par exemple *rouge blanc* une partie rose d'une tapisserie, retenant de suite, dès qu'il a une boîte de couleurs, qu'on peut faire du vert en mélangeant du bleu et du jaune, du violet avec du rouge et du bleu, etc..., nommant beaucoup de nuances délicates comme ferait un peintre, ainsi *bleue* une ombre que les profanes verraient noire ou grise. Hérédité immédiate du côté maternel évidente. Vers la fin du 58ᵉ mois Louis s'amuse un soir à compter dans son lit, avant de s'endormir ; arrivé à *acht, neun, zehn*, il s'arrête un moment, puis dit tout à coup : « *Neun*, das klingt schön, das hat ein rotes Geklang[166] ». En juxtaposant au spectre du rouge au violet la série vocalique du grave à l'aigu on verrait les voyelles de *neun* plutôt en jaune et en violet ; l'observation est sans doute plus juste pour *n* ; en tout cas il est curieux que l'enfant émette de lui-même une telle réflexion (demeurée jusqu'ici en exemple unique).

---

[165] Et l'autre, qui pique. - Tu veux dire que les sapins restent verts. – Oui (*note J. Ronjat*).

[166] *Neun*, ça a un beau son, ça sonne rouge (*note J. Ronjat*).

§ 66. – Le **sens esthétique**[167] s'est développé chez Louis de très bonne heure à la faveur de l'hérédité immédiate et de l'ambiance des objets. Notre appartement est décoré d'un assez grand nombre de tableaux et de gravures, sans haute valeur marchande, mais de bon goût. Louis sait que beaucoup de choses sont là uniquement pour faire joli (cf. § 35 *ad finem*) ; beau, joli et leurs équivalents allemand sont d'usage très fréquent dans son vocabulaire. Dès la troisième année de sa vie au moins il apprécie la musique : l'harmonium lui plaît particulièrement, aussi en raison de son mécanisme compliqué, et souvent, quand j'en joue, il s'assied à côté de moi, écoute attentivement et dit à la fin du morceau, d'un ton profondément convaincu : « C'est très beau ». Il est sensible au charme d'un joli bouquet, d'une prairie bien verte avec des fleurs, d'une forêt ombreuse, et pendant un séjour à Paris, au commencement du 35ᵉ mois, il dit un beau jour de lui-même à sa bonne : « Le Rhône est plus beau que la Seine ». On a vu que jusqu'au 42ᵉ mois tout ce qui est d'une autre langue que le français ou l'allemand lui paraît *pas joli* (§§ 53-55), qu'au 41ᵉ il qualifie de même un mot prononcé incorrectement (§ 28 *in fine*) et qu'au 50ᵉ il sent très vivement l'harmonie d'une phrase provençale comparée à la même phrase en franco-provençal (§ 55 *in fine*).

§ 67. – D'après M. Baldwin[168] (p. 403), la « reconnaissance musicale » peut précéder la « reconnaissance verbale » : un des enfants de cet auteur a reproduit une série de trois notes avant toute imitation verbale. Cela se conçoit aisément : la première opération est de beaucoup la plus simple, puisque les sons musicaux ne se différencient, pour un instrument donné ou une voix donnée, que par la fréquence vibratoire et l'intensité, tandis que les phonèmes du langage articulé comportent encore beaucoup d'autres éléments de diversité ; si le langage se développe avant la **musique**, c'est qu'il est plus directement utile et presque toujours plus fréquemment entendu. Chez Louis j'ai noté au milieu du 8ᵉ mois une tentative d'imitation de chant (cf. §§ 6 et 24 pour la date des premières imitations verbales).

A la fin du 26ᵉ il imite en frappant ♩ ♪♪ ♩ sur un meuble avec un petit bâton le rythme caractéristique de l'allegretto de la septième symphonie de Beethoven etc..., qu'il entend jouer au piano à quatre mains.

---

[167] Cette partie semble faire écho au chapitre 2 de la 4ᵉ partie de l'ouvrage de B. Pérez, *op. cit.* (p. 303-322) qui traite de ces différents sens et compétences : « le sens esthétique – le sens musical – le sens du beau visuel – l'instinct constructeur – l'instinct dramatique ».

[168] Cf. note 42.

Vers la même époque il émet une suite de notes sur la voyelle a en se mettant un morceau de bois dans la bouche en guise de trompette. A la fin du 32e mois il chante presque juste, et en tout cas de façon que la mélodie se reconnaisse aisément, le thème de *Rheingold*

que déjà quelque temps auparavant il savait reconnaître immédiatement à la voix, au piano ou à l'harmonium dans une tonalité et avec un timbre quelconques. A partir du mois suivant il apprend par imitation spontanée plusieurs airs simples d'un recueil allemand pour enfants ; il les chante volontiers, avec une justesse médiocre ; il reconnaît immédiatement toute mélodie connue qu'on chante ou qu'on joue devant lui. L'incubation musicale dure encore près d'un an et demi : au 49e mois il chante juste ses acquisitions anciennes comme

Al -lons, cava - lier,   vi- te en, sel- le, etc...

ou

Ihr Kinderlein kommet, o kommet doch all, etc...

et même des acquisitions nouvelles d'intonation plus difficile, [comme par] exemple :

Bonjour papa, bonjour papa,   bonjour papa, bonjour papa, bonjour papa, bonjour

papa,   bonjour papa,   bonjour papa   bonjour papa, pa- papa[169].

---

[169] Passage en *mi♭* de l'offertoire en *ut* mineur de César Franck (*Pièces posthumes pour l'office ordinaire*, p. 8). Louis me l'a souvent, depuis plusieurs mois, entendu jouer à l'harmonium dans le ton original et fredonner dans plusieurs tons différents ; il a choisi le

Les intervalles chromatiques *fa – fa♯ – sol* sont parfaitement justes. M. Vincent d'Indy[170] m'a dit avoir plusieurs fois observé des corrections d'intonation spontanées chez des enfants de l'âge du mien. Chez Louis cette correction, survenue vers la fin de la quatrième année, a été sûrement aidée par l'usage, entre le 46ᵉ et le 49ᵉ mois, d'un instrument enfantin en forme de cornet à pistons : on souffle sur une anche à travers une fausse embouchure et, suivant qu'on enfonce un ou plusieurs des quatre pistons, on peut obtenir seules ou en accords les quatre notes

Louis a vite appris à se servir de son cornet et a trouvé de lui-même la manœuvre des doigts nécessaires pour obtenir le thème de *Rheingold*

Vers la même époque il m'entend jouer avec sa mère une réduction pour piano à quatre mains de la deuxième symphonie de M. Vincent d'Indy et en fredonner divers passages.

etc.

Celui-ci (début du mouvement très vif au premier morceau) le frappe particulièrement par son allure vive et fière : il s'exerce assez souvent à le répéter, et parvient vers le 53ᵉ mois à le faire de façon que la mélodie soit reconnaissable ; le rythme est bon, le saut de septième ascendante *si♭ – la♭* et les intervalles chromatiques *la♭ – sol – sol♭* sont le plus souvent justes.

Vers la fin du 57ᵉ mois, comme Louis entonnait la chanson *Un canard, déployant ses ailes*, je lui dis qu'il a commencé trop haut et qu'il ne pourra pas chanter la suite ; je lui donne l'intonation des premières notes, il prend l'unisson et mène correctement sa chanson jusqu'à la fin. J'ai alors l'idée d'examiner s'il

---

ton qui convient le mieux à sa voix grave ; souvent il ne chante que le second membre de phrase ; je m'étais amusé parfois à lui donner les paroles *Bonjour, papa* sur les deux ou trois premières mesures (*note J. Ronjat*).

170 Vincent d'Indy (1851-1931), musicien et professeur réputé, biographe français de Wagner, est originaire par sa mère du Vivarais.

comprend bien ce que signifient les expressions *haut* et *bas*. Je produis des intervalles très variés, en montée et en descente : sans jamais se tromper, il indique si la seconde note est plus haute ou plus basse que la première. Je chante (sans paroles) le chœur des pèlerins de *Tannhäuser* en faisant un silence après chaque petit groupe d'intervalles : sans jamais se tromper, il dit *monte*, ou *descend*, ou *monte, puis descend*. Je fais une octave ascendante, il dit : « Le premier est plus bas, le second plus haut » ; une quarte ascendante en partant de la même prime que pour l'octave précédente, il dit : « Le second est au milieu ». On ne lui a jamais *appris* le sens des expressions *haut* et *bas* ; il l'a *compris* en écoutant des conversations de ses parents entre eux et en réfléchissant sur les intervalles musicaux qu'il entend ou qu'il produit lui-même.

« C'est surtout à partir de quatre ou cinq ans que l'oreille se forme et qu'elle apprend le plus facilement à reconnaître les sons. Le développement graduel de la voix et son exercice continuel ont beaucoup contribué à ce progrès. L'enfant d'un an peut utilement commencer à entendre de la musique juste, simple, modérément expressive, surtout gaie en elle-même ou chantée gaiement : ce sont là des plaisirs propres à lui former l'oreille. Mais sa véritable éducation musicale, celle dont il retirera les fruits les plus manifestes, ne commence presque jamais avant cinq ou six ans » (Dupaigne[171], *Conférences pédagogiques*, cité par Pérez, p. 314). M. Vincent d'Indy estime que pour pouvoir plus tard « être utile à la musique » un enfant doit commencer le solfège entre cinq et six ans et que pour le mettre à un instrument il faut attendre qu'il sache couramment lire et écrire en musique.

§ 68. – Suivant M. Houzeau[172] (*Facultés mentales des animaux*, tome II, p. 202, cité par Pérez, p. 218) l'enfant distingue d'abord l'unité et la pluralité, puis, vers dix-huit mois, 1, 2 et plus de 2, et un peu avant trois ans 1, 2 et 4 (2 x 2) ; il reste longtemps à ce stade ; ce n'est qu'à six ou sept ans qu'il peut aller jusqu'à 10, vers dix ans jusqu'à 100 ; on entend ici une numération consciente, consistant par exemple à **compter** des objets, non une simple récitation de suite de nombres ; « les données qui précèdent se rapportent à des enfants européens d'une intelligence moyenne et qui reçoivent la première instruction ». Je n'ai aucune opinion personnelle sur ces conclusions générales.

A la fin du 29ᵉ mois Louis savait réciter en français la suite des nombres de 1 à 6 et je crois bien me souvenir qu'il savait l'appliquer à compter les marches d'un escalier qu'il montait, les noyaux de pruneaux qu'il venait de manger, etc... Vers le milieu du 45ᵉ mois il me dit tout à coup à table : « Deux d'un côté, deux

---

[171] Marie Prosper « Albert » Dupaigne (1833-1910), normalien en 1854, participe au *Dictionnaire de pédagogie et d'instruction primaire* de Ferdinand Buisson (1887), notamment pour l'article « Chant », tome 1, p. 355-363.

[172] Jean-Charles Houzeau de Lehaie (1820-1888), scientifique belge important et journaliste républicain, a vécu notamment à Paris, Londres et à la Nouvelle-Orléans où il épouse la cause unioniste.

d'un autre côté, et encore un, ça fait cinq ». Je crois pouvoir affirmer qu'il avait trouvé cela tout seul ; à coup sûr il comprenait fort bien ce qu'il disait : je mets deux miettes de pain sur la table, il compte « deux » ; je lui demande s'il faut encore en mettre, il répond « encore deux » ; j'en ajoute deux, en file avec un vide au milieu, et je renouvelle ma question, il répond « encore une » ; je remplis le vide avec une cinquième miette, il compte « une, deux, trois, quatre, cinq ». Qu'une de ses grand'tantes ait pu au 46e mois lui apprendre à jouer à la pioche aux dominos, et que depuis il n'oublie pas la règle du jeu même après être resté plus de deux mois sans jouer (tellement qu'il lui arrive parfois de gagner son papa, ce dont, comme bien on pense, il n'est pas médiocrement fier), cela ne prouve rien pour la numération, car il peut reconnaître les dés à l'ensemble de la figure sans avoir besoin de compter les points noirs. Mais voici des faits qui montrent une numération consciente de 1 à 8 et un commencement de calcul.

Vers la fin du 55e mois Louis joue dans son lit avec de petites pommes reinettes dont on va lui faire des infusions pour achever la guérison d'une grippe. «Vier und vier, dit-il à sa mère, das macht doch acht... Hermine hat gesagt : vier und vier, das ist sechs (la bonne avait voulu faire une plaisanterie, ou il n'avait pas bien compris ce qu'elle disait) ; das ist doch ganz falsch ; ich will mal sehen wieviel das ist, vier und vier[173] » : il fait deux tas de quatre pommes qu'il compte de 1 à 4, puis il compte toutes les pommes de 1 à 8.

Vers la même époque, dressant ses six dés pour une partie de dominos avec moi, il les divise en deux groupes de trois et me dit : « Deux fois trois, ça fait six, – Et trois fois deux ? » Il les divise en trois groupes de deux et dit : « Ça fait aussi six ». La chose l'intéresse, et il fait à plusieurs reprises des rangements par 3 et par 2 ; il a trouvé presque de lui-même la démonstration classique du théorème relatif à l'ordre des facteurs.

Au 34e mois Günther Stern[174] savait compter jusqu'à 13 ; il tenait la numération de sa sœur aînée ; en montant un escalier il comptait souvent les marches (Stern, p. 108). Bien que toute généralisation en cette matière semble hasardeuse (cf. Stern, p. 248-251), je crois pouvoir dire que Louis est en avance sur la moyenne des enfants de son âge pour la numération et le calcul.

---

[173] 4 et 4, mais ça fait 8... Hermine a dit : 4 et 4, ça fait 6 ; mais ce n'est pas vrai du tout ; je vais un peu voir combien ça fait, 4 et 4 (*note J. Ronjat*).

[174] Günther Stern (1902-1992) est le second des trois enfants de William Stern et de la psychologue Clara Jossephy. Suite à son doctorat passé avec Husserl (1924), il suit les séminaires d'Heidegger avec Hannah Arendt qui deviendra sa première épouse (1929-1937). Il émigre à Paris en 1933 où il rejoint son cousin Walter Benjamin, changeant de nom et devenant *personne* – d'où son pseudonyme Günther Anders. Il émigre enfin aux Etats-Unis, puis à la fin de la seconde guerre mondiale rentre en Europe mais refuse de s'installer en Allemagne. Il est le théoricien moderne de l'*Obsolescence de l'homme*, ouvrage qui étudie et fustige l'inhumanité de la technicité propre à la race humaine et à son pouvoir d'autodestruction.

§ 69. – Sur ce que je peux appeler le **sens linguistique** je ne répéterai pas les observations insérées aux différentes sections de ce livre, me bornant à rappeler quelques faits qui me semblent particulièrement significatifs et à en noter d'autres qui n'ont pas trouvé place dans le plan de ces sections.

Je rappelle que Louis s'est nettement rendu compte vers le 20ᵉ mois qu'il s'exprimait en français moins facilement qu'en allemand (§ 3 *ad finem*), qu'il a cherché de bonne heure à avoir deux vocabulaires aussi égaux que possible (§ 49), qu'il a eu de bonne heure un sentiment net de l'articulation correcte ou incorrecte (voir note au § 26 [hif, nit, fit], § 28 *in fine* « [sjɛ̃] pas joli », § 27 « ['trɔʔən] sagt die Mami so ? »), de certains mouvements articulatoires (§ 29 *in fine* « je plie ma langue »[175]) et de faits de dérivation (§ 52, *poirier*).

Vers la fin du 27ᵉ mois ont commencé à apparaître des formes verbales comme l'allemand [ɔm] < *komm*, [çe] formation analogique pour *sieh* d'après *sehen, seht, gesehen* ; auparavant les verbes n'étaient employés qu'à l'infinitif sauf quelques mots très usuels comme [mat] < *macht*, [iç] ou [içt] < *ist*, au commencement du 28ᵉ je note le français [maç] < *marche*, [tɔ̃b] < tombe ; ensuite apparaissent l'allemand [si:maj] < *sieh mal*, [et le] français [vjɛ̃ war] < *viens voir*, mais en dehors de ces formes très usitées dominent des formations analogiques telles que [fajt] pour *fällt*, [meçt] pour *misst*, comme précédemment [çe] pour sieh.

Le pronom allemand *ich* apparaît vers le milieu du 29ᵉ mois ; à la fin de ce mois Louis commence à employer en français *vous* en parlant à une seule personne ; le français [j] < *j'*, puis [ʒə] < *je*, et autres formes suivant l'évolution des chuintantes (cf. § 28), sont employés du 30ᵉ au 35ᵉ mois concurremment avec [i] < *il* en parlant de lui-même, et dans le même sens il emploie *er* en allemand ; vers le milieu du 35ᵉ il emploie couramment *tu, toi, moi*. Ici il semble plutôt en retard sur la moyenne des enfants de son âge (cf. Stern, p. 239-246).

Au 34ᵉ mois, pendant un séjour à Paris, moi étant à Vienne, Louis dit à sa mère : « Er (pour *ich*) möchte der (pour *den* remplaçant *ihn*) gerne sehen. – Wen ? – Der (pour *den*) Papa[176] » ; une autre fois : « Kann die Mami das gar nicht versteht (pour *verstehen*) ?[177] » Encore à la fin du 40ᵉ mois il confond ; *mir, dir* et *mich, dich*, et dit encore *für du* au lieu de *für dich* (il n'a jamais dit *für ich* au lieu de *für mich*, sans doute parce qu'il n'y a pas comme pour *du* et *dich* identité de consonne initiale), *wem* au lieu de *wer*. Le *vous* du 29ᵉ mois ne s'est pas établi, sans doute parce qu'en allemand Louis tutoie tout le monde et que tout le monde le tutoie : notre première cuisinière française et la bonne lui

---

[175] Vers la fin du 58ᵉ mois, comme Louis avait prononcé chose avec un [ʃ] voisin de [ç], je corrige sa prononciation en lui disant de regarder comment je tiens mes lèvres pour [ʃ]. De lui-même il remarque : « La bouche est ouverte, les dents sont fermées » (ce n'est pas tout à fait exact pour le second point), et il ajoute : « Pour *a*, on ouvre tout ; pour [m̥], tout est fermé. – Et pour [p] ? – D'abord fermé, puis ouvert » (note J. Ronjat).

[176] Il voudrait (= je voudrais) bien le voir. – Qui ? – Papa (*note J. Ronjat*).

[177] Est-ce que maman ne peut pas du tout comprendre ça ? (*note J. Ronjat*).

disaient *vous*, et il leur répondait *tu,* mais il a adopté *vous* à partir de l'arrivée de notre deuxième cuisinière française (43ᵉ mois), qui a coïncidé à peu près avec le remplacement de la bonne française par une Allemande ; depuis, pour la raison donnée plus haut, il n'a pas eu occasion d'employer l'allemand *Sie.*

A propos des formations analogiques, je noterai en passant que [tɑ̆buˈrɛ] «tabouret » (autour du 34ᵉ mois), sous l'influence de « tambour », montre nettement que l'analogie peut être mise en mouvement par une simple ressemblance phonétique sans aucun contact sémantique ; cf. le limousin moderne *suefre* « je souffre » refait sur *uefre* « j'offre », qui continue phonétiquement lᴄ latin vulgaire [ˈɔffrjo], tandis que le latin vulgaire [ˈsoffro] ou [ˈsoffrjo] aurait donné phonétiquement en limousin moderne **soufre* ou **sufre* ; cf. encore au § 16 *ad finem* l'observation sur allemand *Packet* >[paˈpɛp] avec influence analogique de [paˈpup] < *kaput.*

Les enfants allemands emploient très fréquemment des formes verbales faibles au lieu de formes fortes, et généralement normalisent la conjugaison par analogie (cf. *genehmt, gebringt* de Adel von Humboldt, § 60, et cf. Wundt, tome I, p. 377-378) ; de même les enfants français disent souvent par exemple *mouru* pour *mort, ouvri* pour *ouvert, tiendre* pour *tenir,* etc... Chez Louis je n'ai rien remarqué de particulièrement intéressant en français à ce point de vue ; en allemand j'ai déjà noté plus haut [çc] pour *sieh,* [fajt] pour *fällt,* [mɛçt] pour *misst* ; vers la même époque il disait [eçiçt] pour *geschossen,* d'après l'infinitif *schiessen,* le présent indicatif *schiesse, schiessest, schiesst,* etc... Un des enfants de M. Meringer donnait au contraire à presque tous les participes passés la désinence qu'ils ont dans les verbes forts, *demachen, desagen, deweinen, depacken* pour *gemacht, gesagt, geweint, gepackt* (Meringer, p. 174) ; je n'ai rien noté de semblable chez Louis, ni aucune formation du type *gebrungen* pour *gebracht,* sur l'analogie de *singen–gesungen,* etc... (Tappolet, p. 406). M. Otto Ernst[178] a noté chez un enfant de trois ans des prétérits faibles comme *verlierte* pour *verlor* (infinitif *verlieren*), et beaucoup plus souvent *verlorte, hiesste, kamte* (infinitifs *verlieren, heissen, kommen*), avec adjonction de la désinence *-te* des prétérits faibles au thème correct des prétérits forts *verlor, hiess, kam*[179] ; pour Louis j'ai deux exemple de participes passés formés d'une façon tout à fait semblable, adjonction au thème fort de la désinence faible *-t* : au 30ᵉ mois [eˈnɔmt] pour *genommen,* au 39ᵉ [əˈtrɔft] pour *getroffen* (infinitifs *nehmen, treffen*). Cf. des exemples des types [eciцt], *verlierte, verlorte* et [eˈnɔmt] dans Stern, p. 53, 75, 99, 102, 137 et Tappolet, p. 406-407.

---

[178] Otto Ernst (1862-1936), écrivain allemand.
[179] *Appelschnut, Neues und Altes von ihren Taten, Abenteuern und Meinungen,* Leipzig, L. Staackmann, 1908, livre humoristique sans aucune prétention scientifique, mais plein de précieuses observations (*note J. Ronjat).*

§ 70. – Vers le milieu du 22ᵉ mois Louis trace quelques traits sur du papier et dit [ɥiœ'da] = *Louis Ronjat*. Il pense qu'il vient d'écrire son nom. Depuis assez longtemps déjà il distingue l'**écriture** du dessin et il a la notion très nette de **lecture** : il sait que papa et maman peuvent lui raconter l'histoire qu'il y a dans une lettre reçue, il ouvre une [fa'bit] (voir § 64 *in fine*) et me demande de jouer ce qui est écrit à la page qu'il désigne. A partir du 24ᵉ mois il appelle pendant assez longtemps [ɥiœ'da] (et autres formes que revêt son nom au fur et à mesure de l'évolution phonétique) les pages d'un livre, une lettre, une note manuscrite, même les affiches qu'il voit dans les rues, enfin toute chose tracée, dessinée qui n'est pas une image ou une [fa'bit]. A la fin du 32ᵉ mois je lui montre un livre imprimé en caractères latins, puis un autre en caractères allemands : tous deux sont [ˈwirɔ'za], mais en voyant de l'arabe et de l'hébreu en caractères nationaux il dit [paˈwirɔ'za] « pas Louis Ronjat », tandis que le grec et le russe sont catalogués [ˈwirɔ'za]. Au commencement du 34ᵉ mois il entre dans mon cabinet et me trouve en train de lire un livre avec un *fac-similé* d'un A orné du moyen âge : il admire ce dessin et le nomme [ptinesiy] « petite échelle », et en effet cet A ressemble d'une manière frappante à ma petite échelle de bibliothèque vue par travers. Immédiatement il feuillette le livre et y reconnaît une foule d'A (majuscules ordinaires) comme [ptine'sɛj] ; de plus il remarque les P qu'il appelle *drapeaux*, les O *cerceaux*, les T d'abord *drapeaux* comme les P, puis *champignons*. En somme il fait comme les premiers qui ont cherché à déchiffrer les hiéroglyphes d'Egypte, mais je crois bien que, plus prudent qu'eux, il ne voit pas dans ses interprétations, auxquelles au 38ᵉ mois il ajoute X *croix*, autre chose qu'un moyen de fixer dans sa mémoire le souvenir des formes (vers la fin du 34ᵉ mois il trace de lui-même très correctement A). En tout cas, dans la première quinzaine du 39ᵉ mois, il demande à sa mère d'écrire LOUIS et arrive très vite à distinguer ces cinq lettres, à les nommer [l, o, u, i s] et à les tracer assez bien, sauf que S est généralement à l'envers, l'extrémité supérieure à gauche et l'inférieure à droite ; il appelle [s] un petit gâteau en forme de S, un bout de fil de fer tordu en S et le serpent tortillé des armoiries de Colbert (sur une gravure dans notre salle à manger). A la fin du mois il trace correctement S, M et N, mais il ne sait pas bien lequel de ces deux derniers signes il doit appeler [m] et lequel [n].

Nous décidons, ma femme et moi, de ne pousser Louis en rien ; s'il me demande à lire ou à écrire, je le renvoie à sa mère, afin de ne pas charger son petit cerveau de deux systèmes d'épellation et de quatre types d'écriture. Voici un exemple des confusions qui pourraient se produire très fréquemment si nous voulions tout mener de front. Vers la fin du 48ᵉ mois, Louis sait lire et écrire des groupes comme MAMI ; trouvant dans sa chambre un bout de papier sur lequel est écrit le prénom de sa mère, ILSE, je lui demande : « Qu'est-ce qu'il y a écrit ? » Il répond en épelant [i, l, s, ə] ; je dis [ˈilzə], il observe : « Pour faire [ˈilze] on aurait dû mettre encore un [z] ». On lui donne pour ses quatre ans un abécédaire allemand. Il reste encore un certain temps un peu étonné qu'on puisse former un mot à l'aide de plusieurs lettres, mais bientôt il peut de lui-même écrire par exemple OMA (et quelquefois, dans les débuts : AMO, parce qu'il n'a pas encore bien compris qu'on écrit toujours de gauche à droite) ; alors il lit fréquemment en détachant les syllabes *O-ma* ; il dit à sa mère : « *Zu Vogel* braucht man *Vo*, und dann *gel*[180] » (même observation faite par lui pour *Rü-be* et pour d'autres mots encore), et à lui-même, en monologue : « *Jacob,* il y a *Ja*, et puis *cob* ». Ce sentiment de la syllabation n'a rien d'étonnant : l'écriture syllabique paraît bien avoir précédé l'écriture alphabétique dans le développement intellectuel général de l'humanité ; certains aphasiques font autant de mouvements des mâchoires que le mot qu'ils voudraient prononcer contient de syllabes.

Certains rapprochements entre l'écriture et le son attestent chez Louis une audition exacte et réfléchie. Ma femme lui a appris à nommer [b°, n̩] les lettres *b, n* ; ayant construit le mot *Bauer* avec des lettres mobiles en carton imprimé et entendant sa mère lire ['bawr̩], il dit : « Nein, das macht[181] ['b°awr̩] » ; de même *nein* ['najn] donne lieu à l'observation : « Nein, das macht ['n̩ajn] ». Ma femme ayant nommé la lettre *e* alternativement [e] et [ə], Louis voulait écrire avec un *i* le mot *Pferd* [pfert] ; depuis, ma femme appelle *e* tantôt [ə], tantôt [e] ; comme elle montre sur l'abécédaire un éléphant dessiné à côté d'un *e* et dit que le mot *Elefant* commence par un *e*, Louis objecte : « Aber du sagst doch nicht [ele'fant], du sagst doch [ɛlɛfant][182] ». Désormais on n'épellera isolément que les lettres qui notent un phonème qu'on peut facilement articuler seul, comme les voyelles et les consonnes sourdes, mais par exemple *b* ne sera donné que dans des groupes tels que *ba, be, bri, bla*, etc... ; c'est, je crois, la bonne méthode pour apprendre à lire et à écrire.

La lecture fait de rapides progrès pendant les 56ᵉ et 57ᵉ mois. Il n'est point donné de leçons systématiques. L'enfant demande de lui-même à lire dans l'abécédaire allemand, à écrire des mots en assemblant des lettres imprimées sur de petits cubes de bois. Il lit ce qu'il voit, des mots sur des affiches, dans des journaux, etc..., même le nom d'une station pendant que le train la traverse ou le nom d'un bateau qui passe. Ses questions et ses exercices spontanés portent indifféremment sur l'allemand ou sur le français, de sorte que nous renonçons à notre plan primitif de simplification. Il apprend sans difficulté par exemple que *u, an, on, v, z, ch* signifient en allemand [u, an, on, f, t͡s, ç], en français [y, ɑ̃, ɔ̃, v, z, ʃ], mais il a de la peine à s'habituer aux lettres françaises muettes en fin de mot et aux innombrables bizarreries de l'orthographe usuelle.

---

[180] Pour *Vogel* il faut *Vo*, et puis *gel* (*note J. Ronjat*).
[181] Non, ça fait (*note J. Ronjat*).
[182] Mais tu ne dis pas ..., tu dis. ... (*note J. Ronjat*).

§ 71. – La lecture et l'écriture intéressent Louis par périodes, puis il reste parfois un mois et plus sans s'en occuper davantage ; pendant ces temps de repos s'accomplit généralement une incubation dont les résultats souvent surprenants s'accusent à la prochaine reprise d'intérêt.

J'ai aussi constaté ce procès par *montées* et *paliers* pour la mémoire (cf. § 61), pour le dessin, pour la reconnaissance des couleurs, pour la musique (cf. § 67), pour la numération, pour l'évolution phonétique (cf. §§ 26-29, spécialement 27 et 28).

Le développement intellectuel de cet enfant présente bien ce « rythme ondulatoire » qui répartit l'activité psychique dans les différentes directions suivant l'énergie disponible chez le sujet (Stern, p. 163). En écrivant ce livre j'ai souvent pensé à certaines courses dans les Préalpes calcaires, notamment à l'ascension de la Tournette au bord du lac d'Annecy, dont, passant à plusieurs reprises d'un effort assez rude à une promenade contemplative, on atteint le sommet par une série de pentes raides coupées de plateaux ou de corniches où l'on chemine presque à plat.

REPERTOIRE DE DEFINITIONS

Accomodation, voir Assimilation.

Ammensprache, « langue des nourrices », consiste à dire à l'enfant par exemple en allemand *Wauwau* au lieu de *Hund*, en français *toutou* au lieu de *chien* ; voir § 22 *in fine.*

Anaptyxe, intercalation d'une voyelle entre une sonante et une autre consonne, par exemple § 26 *charbon* > [carəbə'rɔ̃].

Aspirées, voir Sourd.

Assimilation, (l') et l'accommodation sont des phénomènes d'*induction* dans lesquels un phonème *induit* devient identique (par exemple § 13 *patte* > [pap], ou semblable (par exemple. *ibid. dame* > [dan] et § 27 [pɥi] < *cuit*) à un phénomène *inducteur.* Adoptant la terminologie proposée par M. Vendryes (*Mémoires de la Société de Linguistique de Paris*, tome XVI, p. 53-58), j'appelle *assimilation* l'induction à distance (par exemple [pap, dan] et *accommodation* l'induction entre phonèmes contigus (par exemple [pɥi]). Dans le passage de M. Grammont cité § 17 les mots *assimilation* et *accommodation* sont employés pour désigner une induction à distance suivant que le phonème induit devient identique (*assimilation*) ou semblable (*accommodation*) au phonème inducteur.

Bébé (parler), le contraire du parler *franc.*

Bilabiopalatal (phonème), dans l'articulation duquel entrent en jeu les deux lèvres et la région antérieure du palais, par exemple [ɥ] dans le français *cuit* [kɥi].

Blésité, défaut de prononciation consistant à remplacer [s, z] par [θ, ð] ou par des phonèmes approchants.

Chuintantes, les consonnes [ʃ, ʒ].

Continue, consonne non occlusive, par exemple en français *f, s, v, z, l, r.* J'y comprends les nasales [m, n, ŋ, ɲ]

Dentale (consonne), articulée avec la pointe de la langue près des dents, par exemple en français *t, d, s, z, n.*

Détente, voir Occlusion.

Digéré, digestion, voir § 15 et § 17, note 27.

Diphtongue, deux voyelles ne formant qu'une syllabe, par exemple [a] et [j] dans l'allemand *nein* ['najn].

Dissimilation (la) consiste à éviter la répétition d'un mouvement articulatoire commun à deux phonèmes non contigus ; voir au § 14 l'explication générale du phénomène et divers exemples. Le phonème induit est soit rendu différent du phonème inducteur, par exemple au § 21 la seconde *n* de *banane* dissimilée par la première dans [ba'nad], soit supprimé, par exemple *ibid* la première *m* dissimilée dans [am'bamp>a'bamp].

Donné (allemand *vorgesprochen*), phonème, mot ou groupe quelconque de phonèmes ou de mots articulés devant l'enfant avec invitation à le répéter.

J'emploie l'expression *répété* (allemand *nachgesprochen*) d'une façon générale pour toute imitation du langage entendu, et spécialement quand ce qui a été *donné* est reproduit par l'enfant exactement, par exemple en français *nez* répété [ne], ou à peu près, par exemple en allemand *k* répété par une sourde douce mouillée, etc... (§ 25 *ad finem*) ; je dis *substitution*, *substitué* quand l'enfant, ne parvenant pas à une répétition exacte ou à peu près exacte, remplace un phonème *donné* par un phonème très différent, ainsi quand il prononce ['awde] avec *d* au lieu du *g* de l'allemand *Auge* : *d* est le substitut de *g*. Il est souvent difficile de distinguer strictement la *substitution* de la *répétition* proprement dite : entre la répétition exacte et la substitution nette il peut exister une foule de nuances intermédiaires ; mais les substituts ont dans les phénomènes d'induction un tout autre rôle que les phonèmes exactement répétés (voir §§ 16-18).

Douces, voir Sourd.

Explosion, voir Occlusion.

Explosive, voir Implosive.

Fermé, -e, voir Ouvert, -te.

Fortes, voir Sourd.

Franc (parler), voir § 22 *ad finem*.

Fricatif (bruit), semblable à une spirante confusément articulée.

Hypotaxe, situation dans une proposition subordonnée (introduite par « qui, que, lequel, dont », etc..., « quand, si, quoique », etc...).

Implosion, voir Occlusion.

Implosive. J'entends par *explosive* une consonne placée *avant* les éléments vocaliques de la syllabe dont elle fait partie, par *implosive* une consonne placée *après*, par exemple dans *rentrait* la première *r* et le groupe *dr* sont *explosifs,* dans *mastic s* et *c* sont *implosifs*, *m* et *t* sont *explosifs.* Je comprends dans les explosives les intervocaliques comme en français pa*p*a, wagon, po*s*er, ai*m*er, en allemand Rü*b*e, Schna*k*e, Ta*sch*e, Na*m*e, etc... parce que la syllabation du type pa / pa (et non pap / a) est très nette dans la prononciation du sujet observé (cf. § 70) comme dans les prononciations qui lui ont servi de modèle.

Inducteur, -tion, -tive, induit, voir Assimilation, Dissimilation.

Krähen, voir § 23.

Labial (phonème), dans l'articulation duquel les lèvres jouent un rôle essentiel, par exemple la voyelle *o*, les consonnes *p, b, f, v.*

Labiodentale (consonne), articulée avec la lèvre inférieure pressée contre les incisives supérieures, par exemple *f, v.*

Laryngale (occlusive), articulée dans le larynx, avec occlusion par rapprochement des cordes vocales.

Médiolinguale (consonne), articulée en élevant vers la voûte palatine la partie médiane de la langue ; voir § 25 *ad finem.*

Métaphonie, changement de timbre d'une voyelle sous l'influence d'une autre voyelle dans la syllabe suivante, par exemple en allemand *Mann* « homme », *Männer* « hommes », *Not* « nécessité », *nötig* « nécessaire ».

Mi-occlusive, consonne comprenant un élément occlusif et un élément spirant en un seul mouvement articulatoire, par exemple [t͡s] correspondant à la spirante [s] ; voir encore Occlusion.

Mouillée (consonne), articulée avec un notable écrasement de la langue contre la voûte palatine ; voir § 25 *ad finem*.

Moyen, -ne, voir Ouvert, -te.

Nasal (phonème), dont l'émission se produit à la fois par la bouche et par le nez, par exemple les consonnes initiales de *nu*, *mère*, les voyelles [ɑ̃, ɛ̃, ɔ̃, œ̃] dans *banc*, *teint*, *front*, *un* [bɑ̃, tɛ̃, frɔ̃, œ̃].

Occlusion, -ive. Une *occlusive* est une consonne dont l'articulation comporte une *implosion* (mise des organes dans la position requise) produisant une *occlusion* (arrêt du souffle, fermeture complète du canal buccal et des fosses nasales) suivies d'une *explosion* (détente avec, s'il y a lieu, passage des organes à la position requise pour le phonème suivant), par exemple [p, b, t, d, k, g]. Une *continue* comporte trois phases analogues : *tension* (resserrement en un point quelconque des organes phonateurs), *tenue* (maintien de ce resserrement), *détente* (suppression du resserrement ou passage au resserrement ou à l'implosion qu'exige l'articulation d'un phonème suivant). Ces définitions font rentrer dans la catégorie les consonnes nasales telles que *m*, *n* ; certains auteurs les appellent *occlusives* parce que le canal buccal est fermé pendant leur tenue, mais les fosses nasales sont ouvertes. Une *mi-occlusive* a une implosion d'occlusive, mais l'occlusion se relâche immédiatement en resserrement suivi de détente comme dans les continues, et la durée totale d'une mi-occlusive, par exemple [t͡s], est sensiblement la même que celle de la spirante qui a le même point d'articulation, soit ici [s].

Orale (voyelle), dont l'émission ne se produit que par la bouche, par exemple [ɛ] dans le français *mère* [mɛr] comparé à la nasale correspondante [ɛ̃] dans le français *vin* [vɛ̃] : la première voyelle ne diffère de la seconde que par la fermeture des fosses nasales.

Ouvert, -te. L'oreille distingue nettement des couples de voyelles de timbre analogue, dont l'une est *fermée* et l'autre *ouverte*, ce qui correspond généralement à un degré plus ou moins grand d'ouverture des mâchoires, par exemple le français beauté (*e* fermé), mauv*ais* (*e* ouvert) ; on appelle *moyenne* une voyelle intermédiaire entre ses voisines ouverte et fermée, par exemple le français gil*et* (*e* moyen). Syllabe *fermée*, terminée par une consonne, par exemple les deux syllabes du français cap / tif ; *ouverte*, terminée par une voyelle, par exemple les deux syllabes du français pa / pa.

Oxyton, mot dont le principal accent d'intensité frappe la dernière syllabe, par exemple le français *intensité* [ɛ̃tɑ̃si'te], l'allemand *Intensität* [intenzi'tet].

Palatal (phonème), articulé dans la région antérieure ou dans la région médiane du palais.

Paroxyton, mot dont le principal accent d'intensité frappe l'avant-dernière syllabe, par exemple le français *acte* dans le groupe *acte premier* ['aktə prəm'je], l'allemand *telephonieren* [telefɔ'niːrn̩].

Phrase dépourvue de durée ou **phrase sans durée,** voir § 13, note 1.

Phonème, voyelle ou consonne, élément simple du langage articulé, par exemple les trois phonèmes [k, w, a] dans le français *quoi.*

Postpalatal (phonème), articulé dans la région postérieure du palais.

Répété, voir Donné.

Resserrement, voir Occlusion.

Sifflantes, les consonnes [s, z, t͡s].

Sonantes, les phonèmes [m, n, ɲ, ŋ, r, l], pouvant tantôt commencer ou terminer une syllabe comme une consonne, par exemple le français *n*ez, *a*rtiste, l'allemand *r*eich, E*n*de, tantôt former le centre d'une syllabe comme une voyelle, par exemple l'allemand *lachen, Winters* ['laxn̩, 'vintr̩s].

Sonore (phonème), dont l'émission est accompagnée de vibrations glottales.

Sourd (phonème), émis sans vibrations glottales, par exemple l'occlusive dentale française *t*, dont la correspondante sonore est *d*. Les occlusives sourdes françaises sont *fortes* c'est-à-dire que les muscles sont très tendus pour leur occlusion. L'allemand a des sourdes fortes et, de plus, des sourdes *douces* dont l'occlusion se fait avec une moindre tension musculaire (comme pour les sonores, mais sans vibration glottales) et des sourdes *aspirées* (c'est-à-dire suivies d'une brève émission de souffle sourd avant l'attaque d'une voyelle suivante), voir encore § 27 *ad finem.*

Spirante, continue autre qu'une sonante ou une mi-occlusive, par exemple [f, v, θ, ð, s, z, ʃ, ʒ, ɥ, j, x].

Substitué, -tut, voir Donné.

Tension, tenue, voir Occlusion.

Uvulaire (r), *r*, dans le français *riche*, l'allemand *rufen*, articulée avec vibration plus ou moins énergique de la luette.

Vélaire (phonème), articulé tout au fond du palais, vers le voile.

Vélopalatales (occlusives), [k, g] articulés dans des régions très variables, de la partie antérieure du palais jusqu'au fond, vers le voile, suivant le point d'articulation des phonèmes contigus : cf. par exemple les extrêmes [ki] et [ku].

SIGNES PHONETIQUES

Afin de faciliter la lecture, nous avons remplacé le système de notation phonétique utilisé par Ronjat (système inspiré de la transcription Bourciez) et de l'alphabet Rousselot-Gilliéron par l'alphabet phonétique international (API) plus communément utilisé dans les travaux actuels de linguistique.

Par ailleurs, Ronjat explique au § 13 (Assimilations) puis au § 19 des éléments importants de son système de notation : « je note par * les phases dépourvues de durée, par ? les substituts problématiques de phonèmes donnés que l'enfant n'est pas encore parvenu à répéter ». Le signe placé en indice °, représente « une résonance de nature mal déterminée » comme ⁱ, qui représente « un *i* chuchoté » (§ 27), et ? « une résonance mal déterminée (…) qui n'est ni inductrice ni induite » (§ 19). Au § 26, Ronjat utilise le signe géminé ?? où il note « par le premier ? une voyelle qui oscille entre les trois phonèmes [o, œ, ɔ] et par le second une spirante sonore dont [il] ne peux pas déterminer le point d'articulation, au reste variable ».

Par ailleurs, le signe * devant un mot ou une expression (cf. § 34) signifie son agrammaticalité.

Le tableau ci-dessous précise les différences majeures entre le système de notation de Ronjat et l'API.

Ronjat	API	valeur
ɑ̢	ɑ	a ouvert postérieur
a̢	a	a ouvert antérieur
ę e	ɛ	e mi-ouvert antérieur
ẹ	e	e mi-fermé antérieur
Ü	y	u fermé antérieur arrondi
ə	ə	e mi-fermé central non-arrondi
ọ	o	o mi-fermé postérieur arrondi
ǫ	ɔ	o mi-ouvert postérieur arrondi
œ̨	œ	voyelle mi-ouverte antérieure arrondie
œ̨	ø	voyelle mi-fermée antérieure arrondie
i̯ y j	j	consonne (ou semi-voyelle) spirante palatale voisée
u̯	w	consonne (ou semi-voyelle) spirante labio-vélaire voisée
ẅ	ɥ	consonne spirante labio-palatale voisée
c	t͡s	consonne affriquée alvéolaire sourde
č	t͡ʃ	consonne affriquée post-alvéolaire sourde
ğ	d͡ʒ	consonne affriquée post-alvéolaire voisée
š	ʃ	consonne fricative post-alvéolaire sourde
ž	ʒ	consonne fricative post-alvéolaire voisée
ç	ç	consonne fricative palatale sourde
P T K	p̬ t̬ k̬	notation consonnes « douces »
ꞓ	θ	consonne fricative dentale sourde
ð	ð	consonne fricative dentale voisée
ṅ	ŋ	consonne nasale vélaire
ń	ɲ	consonne nasale palatale
ś	ɕ	Consonne fricative alvéolo-palatale sourde
ã ẽ õ	ã ẽ õ	voyelles nasales
l̦	l̩	l syllabique
r̦	r̩	r syllabique
n̦	n̩	n syllabique
`	ˈ	accent principal
´	ˌ	accent secondaire
¯	ː	notation voyelle longue
˘	˘	notation voyelle brève

BIBLIOGRAPHIES

1. Bibliographie du *Développement du langage observé chez un enfant bilingue*[183]

Baldwin, James Mark, *Le développement mental chez l'enfant et dans la race*, traduit de l'anglais par M. Nourry, Paris, Félix Alcan, 1897

Bally, Charles, *Précis de stylistique*, Genève, Eggimann, 1905

Bally, Charles, *Traité de stylistique française*, 2 volumes, Heidelberg, Carl Winter, 1909

Bloch, Oscar, « Notes sur le langage d'un enfant », *Mémoires de la Société de Linguistique de Paris*, [1913] XVIII, 37, 1-23

Brugmann, Karl, *Abrégé de grammaire comparée des langues indo-européennes*, Paris, Klincksieck, 1905 (traduction française de la *Kurze vergleichende Grammatik der indogermanischen Sprachen)*

Gauchat, Louis, *Sprachforschung im Terrain*, [Bulletin de la Société Internationale de Dialectologie, II, 93-104], 1910

Grammont, Maurice, *La Dissimilation consonantique dans les langues indo-européennes et dans les langues romanes*, Dijon, imprimerie Darantière, 1895

Grammont, Maurice, « Observations sur le langage des enfants », *Mélanges linguistiques offerts à M. Antoine Meillet*, Paris, C. Klincksieck, 1902, 61-82

Meillet, Antoine, *Bulletin de la Société de Linguistique de Paris*, t. XVI, p. LXVI. (« Comment se comporterait un enfant mis en présence de deux langues distinctes qu'on lui parlerait également ? ») [Compte-rendu de lecture de Stern et Meringer]

Meillet, Antoine, *Introduction à l'étude comparative des langues indo-européennes*, 3ᵉ édition, Paris, Hachette, 1912

Meringer, Rudolf, *Aus dem Leben der Sprache.* [*Versprechen, Kindersprache, Nachahmungstrieb*], Berlin, B. Behr, 1908

Meumann, "Die Sprache des Kindes", in *Abhandlungen, herausgegeben von der Gesellschaft für deutsche Sprache in Zürich*, Zürich, Zürcher & Furrer, [8, 78-86] 1903

---

[183] Entre crochets nous avons ajouté des éléments complémentaires aux références citées par Ronjat.

Pérez, Bernard, *La psychologie de l'enfant (les trois premières années),* [*Etude de psychologie expérimentale. Les trois premières années de* l'enfant] Paris, Germer-Baillière, 1882

Rousselot, Jean, *Les modifications phonétiques du langage étudiées dans le patois d'une famille de Cellefrouin (Charente)*, Paris, Welter, 1891

Roussey, Charles, « Notes sur l'apprentissage de la parole chez un enfant », (publiées après la mort de l'auteur dans *La Parole*), 1899 et 1900, Paris

Stern, Clara und William, *Die Kindersprache, eine psychologische und sprachtheoretische Untersuchung*, Leipzig, Johann Ambrosius Barth, 1907

Sydow, Anna von, *Wilhelm und Caroline von Humboldt in ihren Briefen,* zweiter Band, von der *Vermählung bis zu Humboldts Scheiden aus Rom (1791-1808)*, dritte Auflage, Berlin, Ernst Siegfried Mittler und Sohn, 1907

Tappolet, Ernst, « Die Sprache des Kindes », in *Deutsche Rundschau* [*Jahrg*], 33ᵉ année, tome III, 399-411, Berlin, 1907. Article de vulgarisation

Van Ginneken, Jacobus Joannes Antonius., *Principes de linguistique psychologique*, Paris, 1907

Vendryes, Joseph, « Réflexions sur les lois phonétiques », *Mélanges linguistiques offerts à M. Antoine Meillet*, Paris, C. Klincksieck, 1902, 130-131

Wundt, Wilhelm, *Die Sprache,* Leipzig, Wilhelm Engelmann, 1900; 2ᵉ volume de l'ouvrage intitulé *Völkerpsychologie, eine Untersuchung der Entwicklungsgesetze von Sprache, Mythus und Sitte*

2. Bibliographie principale des œuvres de Jules Ronjat

La vie politique aus États-Unis, par Jules Ronjat, avocat à la cour d'appel, imprimerie Albert Lévy et Frère, Vincennes, s.d., [1892] 15 pages in 8°

Le référendum, histoire de la législation populaire en Suisse, par Théodor Curti, traduit de l'allemand par Jules Ronjat. Avant-propos de Jules Ronjat, Paris, V. Giard et E. Brière, 1905, 372 pages + VIII

Sainte Estelle, patronne des Félibres, Imprimerie de la Dordogne, Périgueux, 1907

L'ourtougrafi prouvençalo : pichot tratat a l'usage di Pouvençau, Vivo Prouvènço, Avignoun, 1908, 28 pages

Traité de la science des finances, par A. Wagner. Théorie de l'imposition, Théorie des taxes et théorie générale des impôts, Traduction française abrégée d'après la deuxième édition allemande par Jules Ronjat, Paris, V. Giard et E. Brière, 1909, 512 pages + VII

Liebestrauer - Lou Dóu d'Amour, Chanson en provençal de Jan Malan[184] traduite en allemand par Jules Ronjat, 4 pages in 8°.avec partition. Vienne, s.d.

[avec Mgr André Devaux] *Comptes consulaires de Grenoble en langue vulgaire (1338-1340)*, publiés avec un lexique et un index des noms propres, Revue des Langues Romanes, Montpellier, 1912, RLR LV, 145-382 [1973, Laffitte, Marseille]

Essai de syntaxe des parlers provençaux modernes, Protat, Macon, 1913, 306 pages

Le développement du langage observé chez un enfant bilingue, Champion, Paris, 1913, 157 pages

Vienne et ses environs, Société des Amis de Vienne, 1914

Grammaire istorique (sic) des parlers provençaux modernes, Société des langues romanes, Montpellier, 1930-1941. (1980, Genève, Slatkine - Marseille, Laffitte ; 4 tomes en 2 volumes)

Lou Tresor dóu Felibrige ou Dictionnaire Provençal-Français embrassant les divers dialectes de la langue d'Oc moderne, par Frédéric Mistral, avec un supplément établi d'après les notes de Jules Ronjat, Aix-en-Provence, Edisud, 1968

---

[184] Pseudonyme de Pierre Louis-Gros plus connu sous le pseudonyme de Pierre Devoluy.

3. Bibliographie sur Jules Ronjat

Bouvier, Jean-Claude, « Jules Ronjat et la Revue des Langues Romanes », *Revue des Langues Romanes*, 2001, 105, 491-502

Chambon, Jean-Pierre, Fryba-Reber, Anne-Marguerite, « Sus la draio que condus D'auro en auro au païs brodo » (sur la voie qui relie Vienne à Genève) Lettres et fragments inédits de Jules Ronjat adressés à Charles Bally (1912-1918) », *Cahiers Ferdinand de Saussure*, 1995, 49, 9-63

Chambon, Jean-Pierre, Fryba-Reber, Anne-Marguerite, « Le Félibrige et le mouvement des vignerons de 1907 : quatre lettres inédites de Devoluy à Ronjat », *Lengas*, 1995, 38, 7-52

Thomas, Jean, « La correspondance de Jules Ronjat avec Prosper Estieu, Arsène Vermenouze et Valère Bernard », *Revue des Langues Romanes*, 2006, 110, 473-506

Thomas, Jean, « Redécouvrir Jules Ronjat (1864-1925) voyageur, félibre et linguiste », in Alen-Garabato Carmen, Arnavielle Teddy et Camps Christian éditeurs, *La Romanistique dans tous ses états*, Paris, L'Harmattan, collection « langue et parole », 2009, 295-305

ANNEXES

1   1910 : Compte-rendu d'Antoine Meillet des ouvrages de Stern (1907) et de Meringer (1908)

Compte-rendu de lecture de : Clara und William Stern, *Die Kindersprache. Eine psychologische und sprachtheoretische Untersuchung.* Leipzig, 1907, in-8, XII-394 pages.

Antoine Meillet, *Bulletin de la Société linguistique de Paris,* 1910, LXV-LXVII.

Il importe de signaler cet ouvrage à tous égards. D'abord on y trouvera la monographie du développement linguistique de deux enfants faite par un père et une mère habitués et exercés à l'observation rigoureuse des faits. Une seconde partie, divisée assez arbitrairement en deux livres, reprend les problèmes qu'on s'est posés à propos du parler enfantin et indique l'état actuel des questions. Une longue bibliographie placée à la fin du volume énumère les principales publications sur le langage enfantin; les *Observations sur le langage des enfants* de M. Grammont, si importantes et au point de vue linguistique et au point de vue psychologique, ont malheureusement échappé aux auteurs. C'est au livre de M. et Mme Stern qu'on devra s'adresser tout d'abord pour étudier la question du langage enfantin, et pour préparer de nouvelles recherches.

En effet de nouvelles observations sont nécessaires à tous égards. D'abord on n'en possède encore que pour très peu de langues il faudrait examiner comment se fait l'acquisition du langage chez des enfants parlant des langues de structures très diverses. Même pour les quelques langues européennes sur lesquelles portent les observations, on n'a guère examiné que des enfants nés dans des milieux très cultivés. L'expérimentation pourrait d'ailleurs intervenir utilement le cas observé accidentellement par M. Grammont d'une petite fille qui, ayant eu une nourrice italienne et ayant commencé à parler seulement après le départ de cette nourrice, parlait néanmoins le français avec une déformation italianisante systématique, montre combien de faits linguistiques et psychologiques capitaux on pourrait observer si l'on faisait varier les conditions dans lesquelles les enfants apprennent à parler (cf. le fait signalé par M. et Mme Stern, p. 257). Il importerait beaucoup de savoir si une influence quelconque de la langue parlée par des parents que l'enfant n'aurait jamais entendus se marquerait dans la manière par le jeune enfant d'apprendre une langue tout autre que celle de ses parents négative ou positive, la réponse aurait en tout cas un grand intérêt pour la question de l'hérédité. Comment se comporterait un enfant mis en présence de deux langues distinctes qu'on lui parlerait également ? Les expériences pourraient être variées de bien des manières, la linguistique et la psychologie en profiteraient à la fois. Il faut espérer qu'on entreprendra un jour des recherches de ce genre qui seraient assez aisément réalisables, par exemple au moyen d'échanges temporaires d'enfants élevés par l'Assistance publique, ou en se servant d'orphelins abandonnés de divers pays, et qui n'auraient pas pour les sujets d'inconvénients sensibles.

Dès maintenant, les faits observés sont de grand intérêt pour la linguistique générale. Les tendances naturelles de la morphologie se manifestent clairement dans le parler enfantin. Ainsi l'on sait que, de toute la flexion usuelle, seul le suffixe -s du génitif marquant la possession survit en anglais moderne de même les enfants observés par M. et Mme Stern disent *mamas suppe*, etc. (v. p. 221). On sait que les adjectifs forment souvent des paires naturelles : *leuis* a agi sur *gravis* (fr. grief) dans le développement des langues romanes : le gotique oppose *leitils* « petit » à *mikils* « grand » ; etc. or, M. et Mme Stern notent, p. 223, une forte tendance à l'emploi antithétique des adjectifs chez les enfants le petit Günther Stern oppose par exemple *schief* et *schön*, cas où l'on remarquera l'identité des initiales.

Les auteurs ne sont pas des linguistes; et il leur arrive de commettre des naïvetés, ainsi quand ils disent, p. 311, que *manger* est en rapport avec lat. *mandere*, sans qu'on sache comment. Mais leur ouvrage est très instructif pour les linguistes, qui devront l'étudier et en profiter.

Compte-rendu de lecture de : Rudolf Meringer, *Aus dem Leben der Sprache. Versprechen, Kindersprache, Nachahmungstrieb*, in-8°, XVIII-244 pages, Berlin, B. Behr, 1908.

Antoine Meillet, *Bulletin de la Société linguistique de Paris*, 1910, LXVII-LXIX.

Un recueil d'observations plutôt qu'un livre : M. Meringer aime à observer, il estime qu'on n'observera jamais assez. Et il communique au public deux séries d'observations. L'une, sur les fautes de langage, complète, sans y rien ajouter d'essentiel, le livre que M. Meringer a publié avec M. K. Mayer, en 1895, sous le titre de *Versprechen und Verlesen*. Une autre, plus courte, donne des indications sur le développement de cinq enfants, sur trois d'après des observations de l'auteur sur ses propres bébés, sur deux d'après des notes qui lui ont été communiquées par d'autres parents.

Néanmoins, l'ouvrage aboutit à des conclusions générales nettement exprimées. L'observation des erreurs de langage amène M. M. à affirmer de nouveau
le principe essentiel : « Les phonèmes du langage intérieur ont des valeurs
inégales. Quand on écrit un phonème, tous les phonèmes voisins de même
valeur résonnent avec celui-ci, ceux à prononcer et ceux qui ont été prononcés
(ces derniers un peu plus faiblement), si bien que ces phonèmes peuvent par
erreur prendre la place de celui qu'on veut émettre. » Bien que l'émission
linguistique soit continue, le phonème a donc une certaine réalité propre. Il est à
souhaiter que ces observations sur les fautes commises en parlant soient
poursuivies ; qu'on en fasse dans des langues diverses, et, s'il est possible, sur
des parlers populaires il y a chance pour que les fautes soient différentes chez
des illettrés ou des gens peu lettrés de ce qu'elles sont dans les milieux cultivés
observés par M. M. Enfin il importerait de poser explicitement la question de
l'importance que les fautes ont pour l'évolution linguistique ; M. M. semble leur
en attribuer une, ce qui est contestable. Il est certain que les fautes dénoncent les
points de moindre résistance du système linguistique ; elles sont des
symptômes ; mais rien ne prouve qu'il y faille voir des causes de changements,
ou même tout simplement des points de départ pour des changements ultérieurs.
   Quant au parler des enfants, M. M. conclut de son étude qu'il n'y faut pas
chercher, comme on l'a fait, l'origine du changement linguistique. En un sens,
sûrement avec raison ; mais il y a ici un malentendu. Le développement du
langage enfantin peut renseigner sur certains principes généraux ; mais le
langage enfantin n'impose rien de ses formes à celui des adultes. Quand on dit
que le changement linguistique spontané est la somme des changements réalisés
par les enfants lorsqu'ils apprennent à parler, on veut dire que, au moment où les
enfants fixent leur langage, ils ne sont pas parvenus à reproduire exactement le
parler des adultes qui ont servi de modèles à chaque génération, il y a ainsi
nécessairement une déviation plus ou moins grande par rapport à l'usage des
adultes, et ces changements qui s'additionnent seraient le principe de tout le
changement spontané. Il ne s'agit donc pas ici du parler proprement enfantin,
mais de la forme que les enfants parviennent à se fixer à la fin de leur
apprentissage. Juste ou fausse, cette idée n'a pas été réfutée par M. M.
   Il faut ajouter d'ailleurs que, même en admettant ce type de changement
spontané qu'il semble malaisé d'écarter, l'importance de l'imitation reste
entière. Certaines formes de langage se propagent en partant d'un centre déterminé et remplacent les formes locales il s'agit alors d'un fait social capital : à une
langue locale d'usage limité, il tend très souvent à se substituer plus ou moins
complètement des formes générales, comprises sur un domaine étendu : les
langues littéraires sont substituées aux patois locaux, les prononciations urbaines
aux prononciations rurales, ou bien même il y a changement de langue total. Le
changement de manière de parler et le changement de langue sont des phénomènes fréquents, normaux. Et c'est par là que se marque l'influence des adultes
sur le développement linguistique.

2   1914 : Compte-rendu d'Antoine Meillet et Maurice Grammont du *Développement du langage observé chez un enfant bilingue* (1913)

Antoine Meillet, *Bulletin de la Société linguistique de Paris*, 1914, 25-27.

Notre confrère, M. Ronjat, s'est astreint à observer le développement du langage chez son fils, auquel il parlait toujours français tandis que la mère de l'enfant lui parlait toujours allemand, et auquel les autres personnes de son entourage ont parlé, les unes toujours français, les autres toujours allemand. L'enfant s'est trouvé ainsi être rigoureusement bilingue dès qu'il a commencé à parler ; et, entretenu par le fait que chacun de ses parents a toujours continué à lui parler une seule langue, le bilinguisme s'est maintenu chez lui. Les cas de ce genre sont rares et on n'en a jamais observé encore de près. L'observation de M. Ronjat, faite avec beaucoup de soin et de compétence, est donc très importante. Outre que l'ouvrage fournit une bonne description du développement du langage chez un enfant, faite par un linguiste – et l'on sait qu'on a trop peu de ces descriptions, car les types de développement possibles sont variés – on y trouve en effet un cas curieux. La facilité avec laquelle l'enfant a acquis deux langues tout à fait différentes aussi correctement que d'autres en apprennent une apporte un nouveau témoignage de la puissance inouïe d'acquisition qu'a l'enfant du premier âge, puissance qui disparait si vite et qui, dès l'âge de quatre à cinq ans, est déjà singulièrement diminuée.

La principale conclusion de l'étude est conforme à ce que l'on pouvait prévoir, à en juger par les faits linguistiques connus à d'autres égards : les deux langues parlées par l'enfant ne se mélangent pas, chacune des deux constitue un système à part, et l'enfant ne brouille pas l'un des systèmes avec l'autre ; il a deux systèmes phoniques, deux grammaires, deux vocabulaires. Et, chose remarquable, l'apprentissage simultané des deux systèmes n'a entraîné aucun retard notable dans le développement ; l'enfant a parlé normalement et à un âge normal dans les deux langues, allemand et français. On a donc ici une nouvelle preuve du fait capital que, pour les sujets parlant plusieurs langues, chacune des langues constitue un système fermé, peu accessible à l'influence des autres : là où il y a des influences, elles sont le plus souvent volontaires, et elles tiennent au prestige social de l'une des langues ; il y a imitation. Quand, chez un enfant comme celui qu'a observé M. Ronjat, les deux langues sont mises en état de parfaite égalité, les influences réciproques sont presque négligeables. Cette conclusion est de grand prix pour la linguistique générale, et, sans parler des intéressantes remarques de détail qu'il apporte, M. Ronjat doit être remercié pour avoir contribué à l'établir par une observation probante.

Une autre circonstance est à retenir : le bilinguisme se maintient chez le sujet observé grâce à la volonté arrêtée des parents, et il se maintient sans effort de l'enfant. Si, dans les autres cas connus de bilinguisme, l'une des langues tend à disparaître et, au moins en apparence, à disparaître tout à fait, c'est parce que l'une des deux langues est plus employée que l'autre autour de l'enfant et a pour lui plus de prestige. C'est par suite de circonstances sociales que le bilinguisme tend à ne pas se conserver. Dans un autre cas qui m'a été signalé, le bilinguisme s'est conservé chez l'ainé de deux enfants grâce à un effort prolongé de la mère, allemande, dans un milieu français mais, pour le second enfant, l'effort n'a pas été fait avec la même intensité, et le bilinguisme ne s'est pas établi aussi parfaitement. Le bilinguisme est donc une anomalie parce que l'enfant ne conserve pratiquement que la langue usuelle qui a du prestige pour lui.

Maurice Grammont, *Revue des Langues Romanes*, 1914, p. 494-495.

L'auteur de cet ouvrage a eu deux mérites : le premier, de former un enfant bilingue ; le second, de suivre pas à pas les fases de sa formation et de les consigner dans un livre, avec toutes les particularités qu'il a pu i observer.

Le premier n'est pas moins digne d'être signalé que le second. Si l'on considère combien il i a de parents qui s'efforcent de faire parler deux langues à leurs enfants dès leur plus bas âge, qui font pour cela des efforts ou des sacrifices, et qui échouent, il peut n'être pas indifférent de savoir comment s'i est pris quelqu'un qui a réussi.

Le système de la bonne d'enfants ou de la gouvernante étrangère donne le plus souvent des résultats ou nuls ou forts médiocres. Même quand la personne étrangère s'acquitte scrupuleusement de ses fonctions et n'exploite pas l'enfant en apprenant de lui la langue du pays où elle est en service, l'enfant se sert peu volontiers d'un idiome qui n'est pas celui de ses parents et le dédaigne comme étant propre à des gens de condition inférieure.

D'autres parents ne recourent à aucune aide étrangère ; c'est eux-mêmes qui parlent à leurs enfants tantôt une langue tantôt l'autre ; rarement le succès couronne leur entreprise. Souvent l'un des deux parents seul est à même de parler les deux langues, et l'enfant, qui n'aime pas les efforts inutiles, comprend bien vite qu'il ne lui est pas nécessaire de parler une seconde langue, puisque la première est commune aux deux parents et comprise en même temps de toutes les autres personnes. Il néglige assez vite ce qu'il avait acquis de la seconde langue, et le peu qu'il en savait s'efface rapidement. S'arranger de façon que les deux langues soient parlées également à l'enfant demande des conditions tellement particulières qu'elles sont bien rarement réalisables.

M. Ronjat a employé, non pas la seule métode qui réussisse ou puisse réussir, mais la seule qui ne puisse pas échouer. Il n'a jamais parlé que français à son fils, et sa femme ne lui a jamais parlé qu'allemand. Il en est résulté que, sans avoir la notion de langues distinctes, ni se douter qu'il parlait deux langues différentes, l'enfant a considéré son père comme le représentant d'une certaine manière de parler, et sa mère comme le représentant d'une autre. Le besoin de parler à son père déclenchait en lui un certain langage, celui de parler à sa mère en déclenchait un autre. Pendant longtemps il n'a pas soupçonné que ce qu'il disait à l'un aurait pu être aussi bien compris par l'autre, si bien que lorsque sa mère, par exemple, le chargeait en allemand d'aller dire quelque chose à son père, il faisait de lui-même la traduction pour exprimer en français à son père ce qu'il avait à lui dire.

Voilà évidemment les conditions idéales pour l'acquisition inconsciente et simultanée de deux langues différentes.

Qu'est-ce qui en est résulté ? D'abord cette chose capitale que l'enfant a possédé dès le début : deux jeux d'articulations, et qu'il n'i a eu en somme à aucun moment influence du système fonétiquc d'une langue sur l'autre. Ensuite, et c'en est la conséquence, que l'enfant a toujours parlé indifféremment les deux langues et avec la même aisance.

Bien plus : ayant eu, à certains moments, son vocabulaire français moins étendu que son vocabulaire allemand, soit parce qu'il avait été davantage avec sa mère, soit parce que son père s'était absenté quelques jours, il a éprouvé de lui-même le besoin de les égaliser et fait le nécessaire pour cela.

Chemin faisant, M. Ronjat nous apporte des faits qui semblent ne tenir en rien au bilinguisme, mais qui ne méritaient pas moins d'être relevés. Ainsi nous voyons que là où l'enfant avait mis d'abord, et pendant quelques temps, un autre fonème à la place du fonème entendu, le jour où il s'aperçoit que la correspondance est imparfaite sans qu'il soit déjà capable d'articuler le fonème juste, il supprime purement et simplement le fonème, jusqu'au moment où il sera en état de le prononcer parfaitement. Pas de tentatives intermédiaires.

Le père a observé avec un soin jaloux et une ponctualité scrupuleuse. Il a tout noté, semaine par semaine, et même jour par jour ; au reste, c'est le vrai moyen de pouvoir sûrement suivre l'évolution. Ses observations ont été soutenues par un sens fonétique délicat et pénétrant. Il a rendu service à son fils en le dotant, sans qu'il en coutât le moindre effort à l'enfant, de deux langues différentes et toutes deux de première importance ; il a rendu service en même temps à l'éducation en faisant l'épreuve d'une métode précise, et à la linguistique en lui apportant quelques observations qui lui faisaient encore défaut.

3 1930 : Compte-rendu d'Antoine Meillet des Travaux de la conférence internationale sur *Le bilinguisme et l'éducation* (1929)

Antoine Meillet, *Bulletin de la Société de Linguistique de Paris*, 1930, tome 30, pages 18-21.

Le bilinguisme et l'éducation. Travaux de la conférence internationale tenue à Luxembourg du 2 au 5 avril 1929. Genève (Bureau international d'éducation) et Luxembourg (Maison du livre), in-8, 187 p.

Convoquée par le bureau international d'éducation que préside M. Pierre Bovet, la conférence de Luxembourg était une réunion de pédagogues, et c'est le problème pédagogique qui seul y a été traité. C'est la faiblesse de l'ouvrage.

Le bilinguisme est l'un des problèmes les plus importants de la linguistique, et l'un de ceux qui ont été le moins étudiés d'une manière systématique, avec des observations exactes. Les observations du regretté Ronjat sur l'apprentissage du langage par son fils à qui l'on parlait deux langues sont demeurées à peu près uniques. Elles ne portent pas sur l'âge scolaire qui intéressait le congrès. Sur les conditions du bilinguisme et les conséquences qu'il entraine, il y a un grand travail à faire, et il est urgent que ce travail soit entrepris. Tant ce que ce travail n'aura pas été sérieusement poursuivi, presque tout ce que l'on pourra dire sera en l'air, et, ce qui importe ici, la linguistique historique manquera d'un élément de connaissances indispensable.

Le problème est d'autant plus délicat qu'il touche à des problèmes politiques et sociaux qui soulèvent des passions ; les hommes qui y réfléchissent le font rarement sans quelque parti pris et sans des préjugés qui tiennent à leur éducation propre. Un Allemand, auteur de l'un des mémoires les plus remarquables du recueil, M. Wilheim Henss, a marqué ce caractère politique avec une pleine franchise qui fait du bien, tandis que d'autres, et notamment les Gallois dont les travaux préparatoires ont occupé une large place, étaient visiblement disposés à sacrifier à un optimisme voulu et à des illusions généreuses les froides exigences de la réalité vue par la seule intelligence. D'ailleurs il n'y a pas deux cas exactement comparables l'un à l'autre. Ainsi, en France, la plupart des sujets sont « unilingues » ou « monoglottes » (les auteurs des rapports inclus dans le recueil emploient l'un ou l'autre terme en considération de *bilingue*, qui est entré dans l'usage, *unilingue* paraît préférable). Mais les bilingues sont d'espèces diverses. Partout où, dans le Midi, subsistent les parlers romans locaux – et jusque dans des villes comme Pau ou Toulouse, beaucoup de gens du peuple emploient encore le parler local –, le français est compris et parlé, la presse est à peu près exclusivement française, et les parlers locaux, qui appartiennent à un même type roman que le français, sont de plus pénétrés d'éléments français tandis que le français parlé par la plupart des gens a un caractère régional il n'y a là qu'une forme très atténuée de bilinguisme. Au contraire, en pays basque, le parler local est une langue entièrement étrangère là, comme aussi dans la partie espagnole du pays basque, la plupart des sujets sont maintenant de vrais bilingues, et le pays basque se prêterait bien à une étude générale de la question. En Bretagne bretonnante, il y a aussi un véritable bilinguisme; mais le vocabulaire breton est pénétré de termes français beaucoup plus que le vocabulaire basque de termes français ou espagnols. Ni en pays basque ni en pays breton, il n'y a une langue littéraire qui soit un instrument de culture efficace. Il en est autrement de la région catalane où le catalan est demeuré usuel et de la région flamande, où, il est vrai, un très petit nombre de gens ayant quelque culture emploient le flamand. Le cas de l'Alsace, avec son parler alémanique auquel se superpose l'allemand littéraire, est encore différent en raison de l'appartenance à l'empire allemand de 1871 à 1918, beaucoup de gens ignorent le français, et le bilinguisme, tout en étant étendu, n'est pas aussi complet que dans d'autres parties de la France. Maintenant, il y a aussi beaucoup de bilingues dans l'Afrique du Nord : sujets parlant français et arabe, ou berbère, ou italien, ou espagnol, ou catalan. Et l'on n'envisage ici que les situations d'ensemble d'un sujet à l'autre, les conditions diffèrent. Et la France ne fournit pas d'exemples de tous les cas possibles. Le problème est d'une infinie complication ; l'étude en devra être nuancée et faite avec beaucoup de délicatesse, au moyen de méthodes à trouver. On n'est pas près de voir clair dans la question.

Les rapporteurs du congrès se sont placés au point de vue de l'enseignement primaire, et ils ont été par là conduits à recommander que, au moins jusqu'à l'âge de neuf ans, tout l'enseignement scolaire soit donné dans la langue maternelle de l'enfant. En effet il est évident à priori que, en moyenne, le jeune enfant qui aux matières ordinaires de l'école ajoute l'apprentissage d'une langue supporte un lourd handicap et que ses progrès doivent en être retardés : les tests et les observations méthodiques ne font que confirmer ce que fait attendre le bon sens, et s'ils prouvent quelque chose, c'est que le retard subi par l'enfant est moindre qu'on ne pourrait le craindre ; ceci tient à la grande capacité d'assimilation du jeune enfant. Mais le problème est plus large : l'objectif que doit viser l'éducateur, c'est de former un homme qui, politiquement et socialement, soit l'égal de ses concitoyens et qui puisse atteindre un niveau élevé de civilisation ; ce serait commettre à l'égard d'un petit Basque ou d'un petit Breton une grave injustice que de ne pas le mettre en état, dans toute la mesure du possible, de parler et d'écrire le français aussi bien que tout autre Français, et d'acquérir ainsi une langue dont la valeur de civilisation est d'un autre ordre que celle du basque et du breton : les langues n'ont pas des valeurs de civilisation égales. Ceci posé, la question n'est pas de savoir si l'enfant qui doit devenir bilingue ne souffrira pas lors de ses débuts à l'école, mais si, pour obtenir un résultat satisfaisant, il ne convient pas de profiter des années où l'enfant est le plus souple car cette souplesse diminue vite avec les années. Sans doute quelques enfants mal doués pâtissent mais faut-il sacrifier les mieux doués aux moins doués ? Et surtout, pour faciliter pendant une trentaine d'années la tâche à certains enfants et à leurs éducateurs, faut-il sacrifier l'avantage qu'il y a à propager une grande langue de civilisation plutôt qu'une langue sans passé et sans rayonnement?

Les membres du congrès ont eu d'ailleurs en général le sentiment des difficultés et, s'ils ont vu les choses avec trop de simplisme, ce n'est pas sans scrupule ni en affirmant de manière tranchante. Le compte-rendu a le mérite de poser les questions et, sans doute, le tort de ne pas faire apparaître assez que, pour être résolues, ces questions doivent être étudiées d'une manière objective et désintéressée, de préférence dans les cas où les passions sont le moins vives, en France surtout ou en Angleterre, et par les soins d'observateurs étrangers, mais sans parti pris, plutôt que de nationaux. La linguistique se trouverait bien de cette recherche sans laquelle on n'obtiendra aucun résultat valable à aucun point de vue.

4 2001 : Développement de l'Enseignement des Langues et Cultures Régionales à l'École, au Collège et au Lycée
(*Bulletin Officiel de l'Education Nationale* n°33 du 13 octobre 2001)

Texte adressé aux rectrices et recteurs d'académie ; aux inspectrices et inspecteurs d'académie, directrices et directeurs des services départementaux de l'éducation nationale ; aux inspectrices et inspecteurs d'académie, inspectrices et inspecteurs pédagogiques régionaux ; aux chefs d'établissement ; aux inspectrices et inspecteurs chargés des circonscriptions du premier degré ; aux directrices et directeurs d'école.

L'article L. 312-10 du code de l'éducation a réaffirmé la possibilité de dispenser un enseignement des langues et cultures régionales tout au long de la scolarité dans les régions où celles-ci sont en usage. L'éducation nationale se doit de faire vivre ce patrimoine culturel, de veiller au développement des langues régionales et de contribuer à leur transmission. Oublier cette responsabilité ne serait pas un signe de modernité. Ce serait au contraire une perte de substance de l'héritage culturel national.

L'enseignement des langues et cultures régionales favorise la continuité entre l'environnement familial et social et le système éducatif, contribuant à l'intégration de chacun dans le tissu social de proximité. Cet enseignement s'applique actuellement au basque, au breton, au catalan, au corse, au créole, au gallo, à l'occitan-langue d'oc, aux langues régionales d'Alsace, aux langues régionales des pays mosellans, au tahitien, ainsi qu'aux langues mélanésiennes (drehu, nengone, païci, aïje).

Les précédents textes concernant l'enseignement des langues et cultures régionales, et notamment la circulaire n°95-086 du 7 avril 1995, ont largement contribué au progrès de cet enseignement qui doit être consolidé. À cette fin, s'engage une nouvelle étape dans le développement des langues et cultures régionales au moment où est mis en œuvre, de l'école à l'université, un plan d'ensemble pour l'enseignement des langues vivantes.

L'enseignement des langues régionales constitue l'une des composantes de ce plan et à ce titre répond à ses principaux objectifs et orientations : contribution à la diversification linguistique, inscription dans la continuité des parcours des élèves, cohérence entre les différents niveaux d'enseignement.

Cette nouvelle étape doit être aussi l'occasion de concevoir et de mettre en œuvre l'enseignement des langues et cultures régionales dans une perspective d'ouverture à d'autres voisinages culturels et linguistiques.

Ces orientations prévalent également pour le développement de l'enseignement bilingue qui, compte tenu de ses particularités et quelles qu'en soient les modalités de mise en œuvre, fait l'objet de dispositions propres qui sont abordées dans deux circulaires complémentaires.

I - ORIENTATIONS GÉNÉRALES

1 - Les objectifs

S'inscrivant dans le plan général de développement des langues dans le système éducatif, l'enseignement des langues régionales répond plus particulièrement aux objectifs suivants :

* préservation et transmission d'un élément de la richesse du patrimoine national ;
* contribution à la reconnaissance de la diversité culturelle au sein de la communauté nationale ;
* ouverture aux communautés linguistiques proches par le développement des relations créées par ces voisinages. Cette perspective, déjà présente dans certaines zones géographiques transfrontalières, s'inscrit également dans la volonté de faire de cet enseignement un élément de la construction de l'identité européenne à laquelle le système éducatif a pour mission de préparer les élèves ;
* construction par les élèves de compétences de communication dans la langue régionale étudiée, tant en compréhension qu'en production, à l'oral et à l'écrit ; structuration d'acquisitions sur la langue ;
* acquisitions culturelles liées au patrimoine dans lequel s'inscrit la langue (histoire, géographie, littérature, arts, etc.).

La garantie, pour l'enseignement de la langue régionale commencée à l'école, de sa continuité sur l'ensemble des cycles de la scolarité du collège et du lycée, est un des principes fondamentaux de son organisation.

Pour cette raison, sa mise en place s'effectue en cohérence avec les autres enseignements de langue vivante présents dans l'académie, au sein de la carte académique des langues élaborée sous la responsabilité du recteur.

Pour le ministre de l'éducation nationale
et par délégation,
Le directeur de l'enseignement scolaire
Jean-Paul de GAUDEMAR

5   2001 : *Cadre Européen Commun de Référence pour les Langues :*
     Apprendre, Enseigner, Évaluer.
     « Apprentissage des langues et citoyenneté européenne. »
     Division des Politiques Linguistiques, Strasbourg, Conseil de l'Europe

1.3 Qu'entend-on par plurilinguisme ? (page 11)
Ces dernières années, le concept de plurilinguisme a pris de l'importance dans
l'approche qu'a le Conseil de l'Europe de l'apprentissage des langues. On
distingue le « plurilinguisme » du « multilinguisme » qui est la connaissance
d'un certain nombre de langues ou la coexistence de langues différentes dans
une société donnée. On peut arriver au multilinguisme simplement en
diversifiant l'offre de langues dans une école ou un système éducatif donnés, ou
en encourageant les élèves à étudier plus d'une langue étrangère, ou en réduisant
la place dominante de l'anglais dans la communication internationale. Bien au-
delà, l'approche plurilingue met l'accent sur le fait que, au fur et à mesure que
l'expérience langagière d'un individu dans son contexte culturel s'étend de la
langue familiale à celle du groupe social puis à celle d'autres groupes (que ce
soit par apprentissage scolaire ou sur le tas), il/elle ne classe pas ces langues
dans des compartiments séparés mais construit plutôt une compétence communicative à laquelle contribuent toute connaissance et toute expérience des
langues et dans laquelle les langues sont en corrélation et interagissent. Dans des
situations différentes, un locuteur peut faire appel avec souplesse aux différentes
parties de cette compétence pour entrer efficacement en communication avec un
interlocuteur donné. Des partenaires peuvent, par exemple, passer d'une langue
ou d'un dialecte à l'autre, chacun exploitant la capacité de l'un et de l'autre pour
s'exprimer dans une langue et comprendre l'autre. D'aucun peut faire appel à sa
connaissance de différentes langues pour comprendre un texte écrit, voire oral,
dans une langue *a priori* « inconnue »,en reconnaissant des mots déguisés mais
appartenant à un stock international commun. Ceux qui ont une connaissance,
même faible, peuvent aider ceux qui n'en ont aucune à communiquer par la
médiation entre individus qui n'ont aucune langue en commun. En l'absence
d'un médiateur, ces personnes peuvent toutefois parvenir à un certain niveau de
communication en mettant en jeu tout leur outillage langagier, en essayant des
expressions possibles en différents dialectes ou langues, en exploitant le
paralinguistique (mimique, geste, mime, etc.) et en simplifiant radicalement leur
usage de la langue.

De ce point de vue, le but de l'enseignement des langues se trouve
profondément modifié. Il ne s'agit plus simplement d'acquérir la « maîtrise »
d'une, deux, voire même trois langues, chacune de leur côté, avec le « locuteur
natif idéal » comme ultime modèle. Le but est de développer un répertoire
langagier dans lequel toutes les capacités linguistiques trouvent leur place. Bien
évidemment, cela suppose que les langues offertes par les institutions éducatives
seraient diverses et que les étudiants auraient la possibilité de développer une

compétence plurilingue. En outre, une fois admis le fait que l'apprentissage d'une langue est le travail de toute une vie, le développement de la motivation, de la capacité et de la confiance à affronter une nouvelle expérience langagière hors du milieu scolaire devient primordial. La responsabilité des autorités éducatives, des jurys d'examen et des enseignants ne peut se borner à ce que soit acquis un niveau de compétence dans telle ou telle langue à un moment donné, aussi important soit-il.

8. diversification linguistique et curriculum (p. 129)
On désignera par compétence plurilingue et pluriculturelle, la compétence à communiquer langagièrement et à interagir culturellement d'un acteur social qui possède, à des degrés divers, la maîtrise de plusieurs langues et l'expérience de plusieurs cultures. On considèrera qu'il n'y a pas là superposition ou juxtaposition de compétences distinctes, mais bien existence d'une compétence complexe, voire composite, dans laquelle l'utilisateur peut puiser.
La conception habituelle consiste à représenter l'apprentissage d'une langue étrangère comme l'adjonction, en quelque sorte cloisonné, d'une compétence à communiquer en langue étrangère à une compétence à communiquer en langue maternelle.
La notion de compétence plurilingue et pluriculturelle tend à
- sortir de la dichotomie d'apparence équilibrée qu'instaure le couple habituel L1/L2 en insistant sur un plurilinguisme dont le bilinguisme n'est qu'un cas particulier
- poser qu'un même individu ne dispose pas d'une collection de compétences à communiquer distinctes et séparées suivant les langues dont il a quelque maîtrise, mais bien d'une compétence plurilingue et pluriculturelle qui englobe l'ensemble du répertoire langagier à sa disposition
- insister sur les dimensions pluriculturelles de cette compétence plurielle, sans pour autant postuler des relations d'implication entre développement des capacités de relation culturelle et développement des capacités de communication linguistique.

TABLE DES MATIÈRES

Sprache, Mehrsprachigkeit und sozialer Wandel
Language, Multilinguism and Social Change
Langue, multilinguisme et changement social

Herausgegeben von / Edited by / Edité par Jürgen Erfurt

Bd. / Vol. 20 Jules Ronjat: Le développement du langage observé chez un enfant bilingue. Commenté et annoté par Pierre Escudé. Transcription graphique d'Hervé Lieutard. 2014.

www.peterlang.de

Zeitfracht Medien GmbH
Ferdinand-Jühlke-Straße 7
99095 Erfurt, Deutschland
produktsicherheit@kolibri360.de